세상을
바꾼
동
음
물

세계사 가로지르기 05

세상을 바꾼 동물

© 임정은 2012

초판 1쇄 발행 │ 2012년 6월 15일

초판 6쇄 발행 │ 2020년 1월 30일

지은이 │ 임정은

펴낸이 │ 김한청

편집 │ 최원준

디자인 │ 서정희

마케팅 │ 최원준, 최지애, 설채린

펴낸곳 │ 도서출판 다른

출판등록 │ 2004년 9월 2일 제 2013-000194호

주소 │ 서울시 마포구 동교로27길 3-12, N빌딩 3층

전화 │ 02-3143-6478

팩스 │ 02-3143-6479

블로그 │ http://blog.naver.com/darun_pub

트위터 │ @darunpub

메일 │ khc15968@hanmail.net

ISBN 978-89-92711-75-3 44900

ISBN 978-89-92711-70-8 (set)

세상을 바꾼 동물

동물은
기록하지 못하는
동물들의
세계사

임정은 지음

다른

세상을 바꾼 동물

차 례

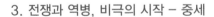

문 명 이전의 인간과 동물의 관계는 비교적 분명하고 단순했다. 기본적으로 동물은 서로 영향을 주고받는다. 진화에는 자연환경과 생존 조건도 영향을 미치지만 다른 동물과 어떤 관계를 맺는가도 크게 작용한다.

여러 가지 형태의 관계가 있겠지만 무엇보다도 먹고 먹히는 관계가 가장 중요하다. 생태계에서는 대체로 먹이그물이 일방적이다. 먹는 자와 먹히는 자의 관계가 고정되어 있다. 사자가 토끼를 잡아먹지 토끼가 사자를 잡아먹는 역방향은 성립하지 않는다. 그런데 인간은 사자나 호랑이 등에게 잡아먹히기도 하지만 거꾸로 사자나 호랑이를 사냥하기도 했다. 이 점에서 인간은 출발부터 다른 동물들과 달랐다.

보온 기능을 하는 털도 없고 날카로운 이빨이나 발톱, 발달한 턱도 없이 인간은 자신을 위협하는 동물들과 맞섰다. 의사소통이라는 지적 능력을 활용하고, 날카로운 창이나 칼 등의 도구를 이용하기에

가능한 일이다. 자신을 해치는 맹수류와 맞서며 점차 먹히는 쪽보다
는 먹는 쪽의 자리에 가까워졌다.

동시에 인간은 자신의 최초 발원지에서부터 세계 곳곳으로 속속
퍼져 나갔다. 여기에는 과일이나 열매, 곡류 등의 초식성 먹이와 사
냥으로 얻은 동물성 먹이를 가리지 않는 잡식성 입맛도 한몫했다.
그리하여 신체적 조건과 관계없이 인간은 생태계 먹이사슬의 정점
에 섰다. 그리고 다른 동물의 관점에서 본다면 인간은 지금도 여전
히 그 지위를 누리고 있다.

이 책에서는 기록이 없는 먼 옛날부터 21세기에 이르기까지 인
간이 다른 동물들과 어떻게 교류하고, 어떤 관계를 맺고 어떤 역사
를 만들며 살아왔는지 살펴보려고 한다.

동물과 인류의 공존
- 선사시대

chapter 1

스스로 길들여진 늑대

●● 　문자로 기록되기 전에 살았던 선사시대 인간들의 삶은 어땠을까? 무엇을 먹고, 무엇을 입고, 무엇을 하며 하루를 보냈는지……. 우리는 뼛조각과 그들이 남긴 유물들, 또는 바위 동굴 벽에 남긴 벽화 따위를 통해 상상하고 추론할 뿐이다.

　그런데 이 중 동물이라는 주제와 관련하여 특히 우리의 상상력을 자극하는 유적지가 있다. 프랑스 남부 니스 지방의 라자레 동굴이 그곳이다. 이 동굴 입구에는 특이하게도 늑대 머리뼈가 놓여 있었다. 한 곳이 아니라 여러 곳의 주거지에서 의도적으로 갖다 놓은 머리뼈가 발견되었다. 조사에 따르면 이 뼈는 고기를 뜯고 남은 뼈가 아니라 동굴에 사람들과 함께 살던 늑대의 뼈로 밝혀졌다. 이것이 사실이라면 구석기 무렵 인간은 지금 우리가 개를 기르듯이 늑대를 길렀다는 뜻이 된다. 설령 늑대가 개처럼 반려동물까지는 아니더라

세상을 바꾼 동물

도 적어도 인간의 생활공간에서 함께 생활했다는 것은 입증이 된다. 그렇다면 왜 인간은 늑대를 곁에 두었을까? 그리고 나아가서 인간은 왜 소나 염소, 닭 등 오늘날 가축으로 분류되는 동물들을 곁에 두었던 것일까?

인간이 동물을 길들이다

선사시대 인류의 입장에서 야생동물을 가축으로 길렀을 때 좋은 점은 무엇일까? 밖에 나가서 사냥하거나 그때그때 잡아먹으면 되었을 것을 왜 먹이를 주며 돌보는 수고를 감수했을까? 몇 가지 가능성을 짚어 보면 다음과 같다.

그중 가장 가능성이 높은 첫 번째 이유는, 길러서 잡아먹기 위함이다. 무리에서 낙오되거나 어미를 잃어버린 새끼를 산 채로 동굴에 데려왔다면 새끼 때부터 먹이를 나누어 주며 기를 수 있었을 것이다.

사냥의 도구와 기술이 발달했다고 하더라도 선사시대 인류의 사냥 성공률은 그리 높지 않았을 것이다. 야생 들소나 멧돼지를 뒤쫓는 것은 무척 힘들었고, 창이나 작살을 던져도 한두 번에 바로 목숨을 끊기는 힘들다. 사냥감에게 상처를 입혀도 치명적인 상처가 아니라면 그대로 도망친다. 이처럼 눈앞에서 사냥감을 놓치는 일은 아주 빈번했으리라. 물론 사냥에 성공할 때도 있었을 것이고 그만큼 흐뭇

한 일도 없었을 것이다. 당시 인류에게 고기, 그러니까 단백질과 지방을 먹을 수 있는 기회는 별로 없었을 테니까. 현대인들도 고기를 좋아한다. 지나치게 먹어서 건강을 위협할 정도지만 우리 미각은 분명 고기 단백질과 지방을 즐기고 탐닉한다. 나무에서 내려 온 인류가 사냥으로 육식을 하면서부터 잉여 영양소가 뇌를 거대화하고 발달시켰을 거라고 주장하는 학자도 있다.

하지만 사냥에 성공하더라도 먹고 남은 고기를 저장할 적당한 방법이 없었기 때문에, 위험을 무릅쓰고 끊임없이 새로운 사냥감을 찾아다녀야만 했다. 지금이라면 볕에 바짝 말려서 육포처럼 건조한 상태로 만들거나 소금을 뿌려서 염장할 것이다. 냉동실에 보관할 수도 있다. 그러나 선사시대 조상들에게는 냉장고도 없었고, 다른 방법들을 알지도 못했을 것이다.

그런데 염소나 돼지를 산 채로 사로잡아서 기를 수 있다면 이야기가 다르다. 새끼 때 붙잡아 두었다가 음식 찌꺼기 등을 먹이면서 길렀을 수도 있다. 고기가 되는 동물을 곁에 두고 기르면 정말로 식량이 없을 때, 혹은 고기를 먹고 싶을 때 도살해서 먹을 수 있다. 또한 살던 장소를 떠나 다른 곳으로 이동할 때 고기를 산 채로 데리고 다닐 수 있었으니 이것도 유리했다. 즉, 가축은 '살아 움직이는 고기 보관소'로 큰 의미가 있었을 것이다.

두 번째, 사냥 도우미로서의 가축. 이건 늑대에게 특별히 해당되는 것으로, 늑대는 훈련을 시키면 사냥에 데리고 나가서 목표물을 좇거나 도망치지 못하게 붙들 수 있다. 요즘은 사냥이 드문 일이 되었지만 사냥용으로 특화된 개 품종을 생각하면 그럴듯한 이론이다. 늘씬하고 다리가 긴 그레이하운드, 몸집이 작지만 재빨리 달릴 수 있는 닥스훈트Dachshund라는 독일식 이름도 오소리Dachs+개Hund, 오소리 사냥에 쓰이는 개라는 뜻 등은 사냥에 적합하도록 신체적 조건이 발달한 개들이다.

　세 번째, 보초로 쓰기 위해서. 대표적인 동물로 개를 들 수 있다. 늑대를 길들여 경비, 보초를 서게 하면 인간은 밤새 안심하고 잠을 자거나 쉴 수 있을 것이다. 또 양이나 염소를 여러 마리 기를 때 이들 무리를 지키게 했을 수도 있다. 야생의 늑대는 짖지 않지만 개는 분명히 컹컹거리며 짖는다. 그러나 늑대도 사육하면서 훈련시키면 짖을 수는 있다고 한다. 늑대가 개로 가축화되는 데에 이 점도 긍정적으로 작용했을 것이다. 짖는 것은 놀아 달라거나 나를 쳐다봐 달라는 신호로, 사람의 관심을 끌 수 있고 다른 야생동물로부터 양 등의 가축들을 지킬 때도 강점이 되었다. 물론 사냥할 때도 개의 짖는 능력은 중요한 의사소통 기능을 한다.

　네 번째 가능성은 반려동물*이다. 반려동물이란 실용적, 경제적인 목적보다는 함께 있으면서 정서적, 감정적 교류를 하기 위해 기르는 동물을 말한다. 당시 사람들은 인간 아기를 돌보듯이 늑대 새끼에게 젖을 나누어 주거나 먹이를 주었을 것이다. 그렇게 먹이를 주고받다 보면 애착 관계가 생긴다. 다 자란 늑대가 묶거나 가두어 두지 않았는데도 인간의 무리에서 도망치지 않고 계속 곁에 있었다면 사람과 늑대 사이에는 분명 돈독한 친밀함이 있었을 것이다.

그런데 이 네 번째 대목에서 개만큼 독특한 동물은 사실상 없다. 이후 장에서 소나 말 등 가축화된 다른 동물에 대해서도 이야기하겠지만, 개는 그 가운데서도 매우 특별한 경우라는 것을 미리 밝혀 둔다.

개는 10만 년 전에 늑대와 분리가 되었다. 개의 조상으로 다른 동물들을 드는 학자도 있지만 그런 의견은 극소수이고, 개는 늑대에서 진화했다고 보는 것이 일반적이다. 개는 그 어떤 동물보다도 가축화로 인해 극적으로 달라졌다. 개는 늑대에서 비롯되었지만 늑대와는 완전히 다르다. 개는 인간과 함께 살기에 적합한 특성만을 집중적으로 갖추고 있다. '애완동물', '반려동물'이라고 했을 때 개가 가장 먼저 떠오르는 것은 우연이 아니다.

사실 동물은 야생종과 가축화된 종의 차이가 크다. 겉모습부터

★　　　전에는 애완동물이라는 표현을 썼지만 최근에는 사회적으로 반려동물이라는 표현을 권한다. 애완(愛玩)은 동물을 가까이 두고 아끼고 가지고 논다는 뜻이 깔려 있다. 반면 반려(伴侶)는, 반려자(伴侶者)라는 말에서도 알 수 있듯 동반자, 파트너로서 함께 한다는 의미이다. 애완동물이라는 말에는 동물을 장난감이나 물건과 같은 수준으로 바라보는 인간의 시선이 깔려 있다. 같은 생명을 가진 존재로 동등하게 바라보지 않는다는 뜻이다. 이에 비해 반려동물이라는 말에는 대상 동물에 대한 배려와 돌봄의 책임감이 담겨 있다. 애완동물에서 반려동물로 달라진 용어만 보더라도 우리 사회에도 동물권, 생명권에 대한 의식이 싹트기 시작했음을 알 수 있다.

행동 방식까지 차이가 나타난다. 일반적으로 어떤 동물이나 가축화가 시작되면 몸집이 작아진다. 아무래도 사람이 관리하고 기르려면 덩치가 너무 크면 힘들 것이다. 그래서 사람들은 품종을 교배함으로써 가축이 적당한 크기가 되도록 통제하며, 이는 그 종의 진화와 발달에 영향을 주고 점차 표준적인 크기로 안정화된다. 또한 사육되는 동물들은 머리뼈 안면부와 턱뼈가 짧아진다. 턱이 좁아지면서 이빨도 작아진다. 사람도 얼굴이 작고 턱이 동그라면 동안童顏, 즉 어려 보이는데 동물들도 마찬가지로 가축이 되면 어린 시기의 얼굴이 유지되는 경향이 있다. 행동 양식도 마찬가지여서 다 자란 뒤에도 인간에게 복종적인 태도를 지닌다. 다시 말해 가축화된 동물은 야생종에 비해서 다 자라서도 유년기적인 특징을 계속 유지한다. 부모가 언제까지나 밥을 떠먹여 주고 모든 것을 일일이 거들어 주다 보면 덩치가 커져도 하는 짓이 다섯 살짜리 애인 것과 마찬가지다. 동물이 가축화된다는 것은 사람에게 계속 돌봄을 받고 보호를 받는 쪽으로 진화의 화살표를 돌리는 것과 같다. 가축화된 동물의 또 한 가지 특징은, 거세와도 관련이 있다. 사람이 인위적으로 수컷의 고환을 자름으로 행동에 영향을 미치는 것이다. 대표적으로 거칠고 공격적인 황소bull를 거세하면 온순하고 말 잘 듣는 소ox가 되는 예를 들 수 있다.

　그러나 개의 경우는, 위에 열거한 가축화의 일반적인 변화를 뛰어넘는 무엇인가가 있다. 개는 인간의 감정을 잘 포착하고 거기에 반응한다. 심지어 인간의 웃음을 모방해서 안면 근육을 당겨서 웃는

흉내까지 낸다. 그래서 사람들은 개를 기꺼이 '인간의 친구'라고 부른다. 생태적 지위*로 보면 인간과 개는 같다.

그리고 다른 가축들이 인간에게 고기나 가죽, 털, 알, 젖 등을 제공하는 대가로 가축화에 성공한 것에 반해 개가 제공하는 서비스는 모호하다. 우리나라를 포함해 현재 일부 문화권에서 개고기를 먹기도 하지만 제한적이다. 물론 역사적으로도, 그리고 동시대를 살펴보아도 세계 곳곳에서 개들은 인간을 위해 일을 했다. 목장이나 창고 앞에 묶여 도둑이 오지 못하게 감시도 하고, 시각장애인들을 돕기도 하고, 산 속의 조난자들을 찾기도 한다. 공항 보안구역에서 여행객들이 몰래 숨겨 들어 온 마약이나 폭발물을 탐지하기도 한다. 텔레비전이나 영화에 출연하는 개들도 있다. 그러나 이렇게 특수한 목적으로 일하는 훈련견들이 등장한 것은 지극히 최근의 일이다. 개, 더

★   생태적 지위란, 특정한 생태적 범위 안에서 각 생물체의 지위 관계라는 뜻. 알기 쉽게 설명을 하면 조그만 웅덩이 안에서 플랑크톤, 올챙이, 도롱뇽이 있다고 하자. 이들은 순서대로 먹이사슬을 이루며 전자가 후자의 먹이가 된다. 즉, 올챙이는 플랑크톤을 먹고, 도롱뇽은 올챙이를 잡아먹는다. 따라서 셋 가운데 생태적 지위가 가장 높은 것은 도롱뇽, 그 다음은 올챙이, 가장 낮은 것은 플랑크톤이다. 인간은 지구 어디서든 생태적 지위의 정점에 있다. 인간이 '동물'이라는 말 속에 자신을 포함시키지 않으려는 심리적인 이유도 여기에 있다.

정확히 말하자면 개의 조상이 인간의 무리에 들어온 것은 어쩌면 우연이 아니라 필연이었을지도 모른다.

동물이 인간과
함께 살기 위한 조건

우리는 인간이 동물을 가축으로 만들었다고 생각하지만 일부 학자들의 생각은 다르다. 동물들 스스로가 가축화되기를 택했다는 것이다. 왜냐하면 그것이 생존에 더 유리하다고 스스로 판단했기 때문이다. 인류학자 데이비드 린도스는 곡물류조차도 스스로 길들여지도록 선택했다고 설명한다. 사람들이 사는 곳 쓰레기 더미 위에서 싹을 틔워 원시인류의 눈에 띈 것도 그들의 전략이었다는 뜻이다. 마찬가지로 개도 인간에게 기대어 살기 위해 스스로 온순해지고 인간의 비위를 맞추는 쪽으로 진화했을 가능성을 생각해 볼 수 있다. 인간이 주체적으로 동물을 길들이고 이용했다는 생각을 한번에 뒤집기는 어렵지만, 이러한 관점도 분명 곱씹어 볼 가치가 있다.

　가축화와 관련해서 '안나 카레니나 법칙' 이라는 재미있는 이론도 우리 귀를 솔깃하게 한다. 제레드 다이아몬드가 『총, 균, 쇠』라는 책에서 말한 이른바 '안나 카레니나 법칙' 은 동명의 톨스토이 소설에서 이름을 따온 것이다. 저 유명한 소설의 첫 문장은 이렇게 시작된다. "행복한 가정은 모두 엇비슷하고 불행한 가정은 불행한 이유가 제각기 다르다." 이 문장의 의미는 이러하다. 가정이 행복하려면 아주 많은 조건들이 동시에 만족되어야만 한다. 예를 들면 우선 경제적으로 너무 쪼들리지 않아야 한다. 너무 가난하면 생활도 힘들 뿐 아니라 건강도 지키기 힘들다. 심리적으로도 스트레스가 많아서 평온한 상태에 있기 힘들다. 또 가정이 행복하려면 부부가 서로에게 매력을 느끼고 사랑을 지속시키기 위해 계속 노력해야 한다. 가족들이 모두 건강하게 살아 있고, 친척들이 이들을 괴롭히지 않아야 한다. 예를 들자면 한이 없지만 이런 식으로 충족되어야 할 여러 가지 조건들이 다 채워졌을 때 그 가정은 행복하다. 반대로 이 조건들 중 단 하나만 어긋나도 그 가정은 불행해진다. 돈이 아무리 많아도 가족 중 누군가가 중병에 걸린다면? 몸이 건강해도 돈이 한 푼도 없다면? 또, 사악한 친인척들이 끊임없이 가족들을 괴롭힌다면?

제레드 다이아몬드는 이 원칙을 확대시켜 '안나 카레니나'의 법칙이, 수많은 야생동물들 중 왜 어떤 것은 가축이 되고 어떤 것은 되지 않았는가 하는 것을 잘 보여 준다고 보았다. 가축이 되려면 식성, 성장 속도, 번식, 성격, 공포심, 사회적 구조 등 여섯 가지 조건에 모두 합당해야 한다.

식성이 너무 까다로워서는 안 되고, 자라는 속도가 너무 늦어서도 안 된다. 그러면 먹여서 키우는 기간이 오래 걸리므로 기르는 사람이 시간, 경제적으로 손실을 본다. 가두어 길러도 번식을 할 수 있

어야 한다. 인간도 남들이 보는 앞에서는 성행위를 하려 하지 않는
다. 은밀하고 사생활을 보호 받는 공간을 선호한다. 다른 동물들도
마찬가지로 교미를 할 때 어떤 조건과 상황이 갖추어져야 한다. 그
런데 가축으로 기르려면 그 조건이 까다로워서는 안 된다. 그러면
새끼를 칠 수 없고, 가축화하는 이점이 없다. 성격이 공격적이거나
사람을 따르지 않는다면 역시 기르기 힘들다. 겁이 너무 많아서 야
생과 달라진 환경에 적응하지 못한다면 역시 집에서 기를 수 없다.
마지막으로 인간을 우두머리로 따르고 받아들일 수 있어야 한다. 무
리를 이루었을 때 계층과 질서가 있는 동물들, 예를 들어 늑대는 무
리를 이끄는 우두머리 늑대에게 복종을 잘한다. 이러한 성격 덕분에
늑대는 인간을 주인으로 받아들이고 인간의 곁에서 살아남을 수 있
었다.

　　제레드 다이아몬드에 따르면, 이상의 조건 가운데 하나라도 어
긋나면 가축이 되지 못했다. 이 주장은 제법 설득력 있게 들린다. 지
구에 풀을 먹는 대형포유류-체중 45킬로그램 이상을 대형으로 분류
했을 때-는 대략 148종 정도이다. 이들 모두가 가축이 될 후보였으
나 가축이 된 것은 고작 14종뿐이다. 이 가운데 전 세계적으로 널리
퍼진 주요 가축은 양, 염소, 소, 돼지, 말 등 다섯 종이다. 그밖에 특
정 지역에서 가축화된 동물은 단봉낙타(아라비아낙타), 쌍봉낙타(박트
리아낙타), 라마와 알파카, 당나귀, 순록, 물소, 야크, 발리소, 인도소
등 아홉 종이다. 대형 초식 포유류를 포함해서 가축화된 동물은 모

두 기원전 8000년~2500년 사이에 가축화되었다. 이때는 마지막 빙하기가 끝나고 인간이 농경과 목축을 시작한 최초 몇천 년 동안과 일치한다.

사실 인간은 가지가지 동물들을 가축으로 삼기 위해 어지간히 노력해 왔다. 심지어 치타를 가축으로 만들려는 노력도 했다. 치타는 단거리를 가장 빠른 속도로 달릴 수 있는 동물이므로 잘 길들이기만 한다면 개보다 사냥에 더 큰 도움을 줄 터였다. 그래서 인도 무굴제국의 어느 황제는 치타를 1,000마리나 길렀다고 한다. 하지만 그런 노력은 헛수고였다. 야생의 치타는 교미의 과정이 복잡하고 치열하다. 암컷 한 마리를 두고 수컷 여러 마리가 치열하게 쫓아다닌다. 그것도 며칠씩이나. 그런데 치타를 우리에 가두면 암컷이고 수컷이고 그런 번잡한 구애를 치를 마음조차 갖지 않는다.

고대 이집트 사람들이 남긴 벽화에 따르면 영양, 아이벡스염소, 가젤, 하이에나 등을 길들이려고 노력했음을 알 수 있다. 그러나 결국 이들은 가축이 되지 않고 야생동물로 남았다.

가축화의 조건에 대해서 다른 학자의 견해도 이와 비슷하다. 인간과 동물, 가축의 역사에 관해 오랫동안 연구한 J. C. 블록 역시 『인간과 가축의 역사』라는 책에서 1세기 전에 살았던 영국 과학자 프랜시스 골턴이 제시한 가축화의 기준을 재인용한다. 즉, 어떤 동물이 가축이 되기 위해서는 아래의 모든 조건을 만족 시켜야 한다는 것이다.

1. 튼튼해야 한다.

2. 천성적으로 사람을 잘 따르고 좋아해야 한다.

3. 생활환경에 대한 욕구가 너무 높지 않아야 한다.

4. 고대인들에게 유용성이 커야 한다.

5. 자유로운 번식이 가능해야 한다.

6. 사육이나 관리가 쉬워야 한다.

1번은, 새로운 먹이와 환경에 대한 적응력이 높아야 한다는 뜻이다. 어릴 때 어미와 헤어지거나 야생에서 붙잡혀 인간의 영역으로 옮겨졌을 때 지나치게 스트레스를 받거나 공포에 사로잡힌다면 살아남기 힘들다.

2번은 인간을 주인으로 받아들이고 그러한 위계질서에 순응한다는 뜻이다. 사자, 치타, 하이에나 등의 맹수류는 그런 의미에서 가축이 될 가능성이 낮다.

3번은 역시 스트레스로 이해할 수 있는데, 사육되는 상황에서 지나치게 스트레스를 받지 않아야 한다. 아무래도 가축이 되려면 우리나 사육장 안에 갇히는데 그 안에서 지내지 못하고 벗어나려고 한다든가, 과밀한 우리 안에서 스트레스를 받아 번식을 하지 못하면 가축으로 기르기 힘들다.

4번은 가축을 기르는 인간의 입장에서 구체적인 이득을 말한다. 소나 말처럼 젖이나 고기를 제공하거나 닭처럼 알을 주는 동물이라야 가축화의 실제적인 효용이 발생한다.

5번을 설명하면서 저자는 현대의 동물원을 예로 들었다. 동물원 사람들은 보유하고 있는 동물들의 번식을 최대한 돕기 위해 개입한다. 그러나 그 노력에 비해서 번식 성공률은 그리 높지 않다. 멸종 위기종이라든가 희귀한 동물의 번식을 위해서 먹이부터 환경, 무리 속의 개체 구성까지 사육사들은 모든 것을 신경 쓴다. 그렇다고 해서 동물원 안의 번식 성공률이 자연 상태보다 월등하게 높지는 않다.

6번 역시 너무 당연하고 합당해서 말할 필요가 있을까 싶은 조건이다. 성질이 까다롭거나 외따로 떨어져서 생활하는 습성을 지닌 동물이라면 무리를 짓거나 여러 마리를 기르기 힘들다. 식성이 까다로워서 먹이를 가린다면 그것도 인간과 함께 살기 어렵다.

선사시대에 인간의 주변에는 수많은 야생동물이 있었고, 인간은 이들과 관계를 맺으려 했을 것이다. 그러나 그중 아주 일부만이 가축이 되었다. 프랜시스 골턴은 이러한 동물과 인간의 초기 역사를 아주 잘 요약했다.

"모든 야생동물은 한 번쯤 가축이 될 기회가 있었다. 그중 일부는 ‥‥ 이미 오래 전에 가축이 되었고 나머지 대부분은 어떤 사소한 문제 때문에 실패했다(가축이 되지 않았다). 그리고 앞으로도 영원히 야생 상태로 남아 있을 것이다."

농사를 돕는
참한 일꾼
소

•• 우리나라는 선사시대 유적지가 꽤나 많다. 요즘은 전국 지자
체들이 자기 지역 문화유산들을 널리 알리는 데 관심이 많다. 지역
을 홍보하고 좋은 이미지를 갖게 하여 관광 수익을 올리기 위해서
다. 덕분에 학생들이 유적지 체험학습을 갈 때나 외지 사람들이 관
광하러 갈 때 전에 비해 편리해졌다. 관련 정보를 얻기도 쉽고, 지자
체들이 문화재 관리에 제법 예산을 쓰기 때문에 유적지 보존 상태도
좋다.

책을 읽거나 강의를 들어 머리로 알게 된 것은 인지적으로 얻는
지식에 속한다. 활자를 통해, 다른 사람의 말을 통해 얻는 지식은 자
칫 피상적일 수 있다. 직접 눈으로 보고 만져서 얻는 지식이 훨씬 생
생하고 기억도 잘 된다. 역사를 공부할 때 박물관이나 유적지 답사를
강조하는 것도 그런 이유에서이다. 선사시대를 이해하는 데 유적지

나 유물을 돌아보기를 권하는 것도 마찬가지다. 구석기니 신석기니
하는 말들이 너무나 멀고 지독하게 오래된 구닥다리 시대에 관한 것
이라 21세기를 사는 청소년들과 아무 관련이 없다고 여길 수도 있다.
하지만 이왕이면 마음을 열고 그들의 삶을 느끼고 상상하자. 그러면
나와 닮은 사람들이 보인다. 그러면 그들이 당시의 환경 속에서 살기
위해서 어떤 노력을 했고, 어떤 어려움을 겪었는지 알 수 있다.

인류가 농경을 시작하다

선사시대★는 인류 역사에서 아주 큰 비중을 차지한다. 거칠게 비유
하자면 우리나라에 인류가 살기 시작한 때부터 지금까지를 1년이라

★   인류 역사를 나누는 기준은 여러 가지가 있지만 석기, 청동기, 철기 등 도구를
기준으로 하는 것이 보편적이다. 이미 고대 바빌로니아, 고대 그리스 때부터 돌, 금속
등으로 시대를 나누는 사례가 있었고, 1836년 고고학자이자 덴마크 박물관장이었던 톰
센이 이 시대 구분법을 쓰면서 널리 쓰이게 되었다. 톰센 구분법에 맞서 19세기 말 미
국 인류학자 모건은 '인류가 식량을 구하는 수단의 발전 단계'를 기준으로 제안했다.
모건은 야만, 미개, 문명이라는 용어를 썼으나 이는 편협하고 편견에 찬 말이라 바람직
하지 않다. 그래서 오늘날 학계에서는 수렵-채집 경제, 농경-목축 경제, 문명이라는 용
어를 쓴다. (한국생활사박물관1권 87쪽)

세상을 바꾼 동물

고 했을 때 그중 364일이 구석기시대다. 신석기시대가 1일, 그리고 나머지 1일이 고조선부터 지금까지에 해당한다. 이것은 인류가 동굴에서 거주한 시간이 그만큼 길었다는 뜻이기도 하지만, 뒤집어 말하면 우리가 아주 짧은 기간에 압축적으로 문명을 발전시켰다는 뜻도 된다.

현대인의 눈으로 선사시대 인류가 살아 온 수만 년의 시간을 되짚어 볼 때 '기술적 진보' 또는 '기술 혁명'이라고 부를 만한 몇 가지 사건이 있다. 두려워하기만 하던 불을 이용할 수 있게 된 것, 그래서 사냥할 짐승을 몰거나 쫓을 때 쓸 수 있게 된 것, 불을 피우는 방법을 알게 된 것, 불씨를 지키는 법을 알게 된 것, 불로 고기를 구워 먹거나 곡식을 익혀 먹는 등 조리법을 개발한 것, 돌을 던지거나 때려서 날카롭게 만든 뗀석기(구석기)를 쓰다가 문지르고 갈아서 용도에 맞게 다양한 석기(간석기)를 개발한 것, 흙으로 그릇을 빚어서 음식을 보관하거나 조리할 수 있게 된 것, 그리고 천을 짜서 옷을 해 입은 것 등이다. 이러한 기술은 어느 순간 갑작스럽게 얻어진 것은 아니며 수많은 시행착오를 거쳐 인류 공동체가 함께 익히고 전수하는 보편적 지식으로 자리잡았을 것이다. 그런데 이러한 기술혁명 중 으뜸은 뭐니뭐니해도 농사, 즉 농경農耕의 시작이다.

이전까지 인류는 채집과 수렵으로 식량을 얻었다. 그중에서도 채집 쪽이 훨씬 더 비중이 컸다. 나무 열매를 따먹고 지금의 감자, 고구마, 얌 등의 덩이식물 뿌리를 캐서 먹었다. 개울에서는 가재나 조개, 작은 물고기를 잡았다. 동물성 단백질, 즉 고기는 사냥이나 죽은 동물 시체 혹은 다른 포식동물이 먹다 남은 먹이를 주워 먹는 것으로 대신했을 것이다. 그렇게 살아가던 인간은 어느 우연한 계기로 한 알의 씨가 땅에 떨어져 싹이 나는 식물 생장의 원리를 깨닫게 된다. 그 싹은 자라서 때가 되면 많은 낱알을 매달고 익어 간다. 하나를 심고 기다리면 그 몇 배의 곡식을 얻을 수 있다는 것은 당시 인류에게는 구원과 같은 일이었다. 식량 부족으로 굶어 죽지 않고 살아남을 확률이 놀랍게 상승했다.

기록이 없는 탓에 인류가 언제부터 농사를 짓기 시작했는지는 확실하지 않다. 학자마다 조금씩 의견이 다른 것도 그 때문이다. 기록은 없지만 짐작은 할 수 있다. 불에 탄 곡식이나 낱알의 흔적, 농사에 쓰였을 것으로 추정되는 도구 등이 남아 있기 때문이다. 그런 유물을 이용해 앞서 말한 방사선탄소연대측정법 등의 방법으로 그 연대를 거꾸로 헤아려 볼 수 있다. 농경의 시작은 신석기시대로 짐작된다. 최초로 농사를 시작한 곳은 서남아시아다. 이곳에서는 야생 밀과 보리를 재배했다. 우리나라는 본격적인 농업이 이보다 늦은 청동기시대 즈음에 시작된 것으로 알려져 있다. 서남아시아가 야생 밀과 보리라면 중국에서는 기장과 벼, 중앙아메리카에서는 옥수수를 주로 재배했다. 아프리카에서는 사하라 남부와 북동부 초원 지대에서 야생 식물 종을 폭넓게 재배했다. 인류가 농경을 시작했다고 해도 처음부터 모든 식량을 농경에서 얻을 수는 없었을 것이다. 농사를 지으면서도 여전히 채집과 수렵, 어로 등 기존의 방법을 통해 먹을거리를 구했을 것이다. 그러나 차차 농사 기술이 발달하면서 생산량이 늘어나고 농사를 통한 식량 조달 비중도 높아졌을 것이다.

인류가 농경을 시작한 데에는 기후 변화도 한몫했다. 선사시대는 여러 차례의 빙하기와 간빙기를 거치는데 이는 급격한 기후 변화를 의미한다. 따뜻하고 온난해서 사람이 살 만했던 지역이 기온이 떨어지면서 풀과 나무가 자라지 않고 살기 힘들어졌다. 굳이 농사를 짓지 않아도 주변에서 쉽게 먹이를 채집할 수 있었던 사정이 달라지는 것이다. 사람들은 좀더 살기 좋은 곳을 찾아 대이동을 했다. 먹을거리가 널려 있을 때는 굳이 고생스럽게 농사를 지을 필요가 없지만 식량이 부족해지면 농사를 지어 곡물을 더 많이 확보하고 비축해 두어야 한다. 일부 학자들이 농경의 시작을 지구의 기후 변화와 연결해 설명하는 이유가 여기에 있다. 또한 일부 지역에서는 지나치게 사냥에 몰두해서 더 이상 잡아먹을 고기가 없었기에 곡식을 주된 식량원으로 선택하기도 한다.

자발적이든 환경의 강요에 의해서든, 농경의 시작은 인류의 삶에 큰 변화를 가져왔다. 이것은 먹을거리를 취하는 방식이 변한 것에 그치지 않았다. 일부러 씨를 땅에 뿌려 작물이 잘 자라도록 보살피고 그 수확물을 거두어 식량을 계획할 수 있게 되었다. 파도가 물결을 치듯이 하나의 변화가 생활 영역 전반에 영향을 준 것이다.

첫째로 농사를 지으면서 주거의 형태가 달라졌다. 채집-수렵 생활을 할 때는 자주 이동을 했다. 동굴이나 숲에서 거주할 때는 여러 사람이 무리를 지어서 살다가 근처에서 먹이를 구하기 힘들어지면 먹이가 풍부한 다른 곳을 찾아 옮겨 다녔다. 하지만 농사를 짓기 시작하면 그렇게 할 수 없다. 씨를 뿌리고 작물을 얻을 때까지 경작지 가까운 곳에 살 수밖에 없다. 그래야 작물을 관리할 수 있기 때문이다. 그리고 익은 작물을 지키지 않는다면 고스란히 야생동물들이나 다른 부족들에게 빼앗길 수밖에 없다. 그러한 이유로 농사를 짓는 곳 가까이에 살 곳을 마련했다. 움집이나 흙집 등 인공적인 주거 공간을 만들기 시작한 것도 이때부터다.

서울 암사동, 부산 동산동 등 전국에 흩어져 있는 신석기 유적지에서 재현해 놓은 움집이나 집터 유적을 볼 수 있다. 또한 신석기 유적지에서는 옛 사람들이 그곳에서 사용한 토기나 석기, 화덕 그리고 패총 등도 발견된다. 이중에는 농사를 짓는 데 쓰인 돌괭이도 있다. 농사를 짓는 데는 물이 꼭 필요했으므로 사는 곳도 물을 구할 수 있는 지역이었다.

농경 초기에는 원시적인 화전火田 농법을 썼다. 불을 놓아 풀과 나무를 태우면 탄 것들이 퇴비가 되어 땅심을 좋게 한다. 그러나 이 방법은 일회적이다. 요즘도 산불이 나면 산의 생태계가 복구되는 데 수십 년이 걸린다. 따라서 불을 낸 땅은 다음 해에 다시 농사를 지을 수 없다. 땅심이 회복되고 초목이 다시 자랄 때까지 수십 년을 놀려야 한다. 그러므로 초기 화전 농경법을 썼을 때는 집을 짓고 살더라

세 상 을 바 꾼 동 물

신석기시대에 인간은 농경을 하며 가족 단위를 넘어 씨족사회를 거쳐 부족사회의 단계로 나아가게 된다.

도 영구적인 것은 아니었을 것이다. 그러나 화전 농법을 차츰 포기하게 되면서 한 자리에 눌러 사는 것이 가능했을 것이다. 그러다 보면 마을이 형성되고 부족이 강화되며, 문명이라고 부를 만한 문화적인 행동들이 생겨난다. 토착민들이 생기면서 문화적 전승이 가능해진다. 세대가 흐를수록 그 부족의 지적, 문화적 행동과 유산들이 누적되고 그 결과 도시국가나 부족국가가 형성되었다.

　　주거의 변화와 더불어 농경의 시작으로 인한 가장 큰 이점은 인류가 꾸준히 인구를 늘릴 수 있었다는 사실이다. 곡물 생산으로 식량 공급이 안정되면 유아 사망률이 낮아지고 출산도 는다. 특히 기원전 8000년에서 4000년 사이에 인구가 급격히 늘었을 것으로 본다. 당장 소비하고 남는 식량을 나중을 위해 보관, 저장하는 기술도 함께 발전했다. 잉여생산물이 생기자 이전까지의 공동소유, 공동분배의 원칙이 조금씩 흔들리고 사유재산 개념이 도입되기 시작한다. 역사상 더 많이 가진 자와 덜 가진 자의 차별이 시작되고 이를 토대로 계급이 생겨나는 계기가 되었다.

소를 농사에 활용하다

석기시대 인류가 농경을 시작한 것에 대해 장황한 설명을 했다. 그렇다면 이 책의 주된 관심사인 동물과 농경은 어떤 관계에 있을까? 무엇보다도 본격적인 가축화와 농경의 시작이 거의 비슷한 시기라는 점이 주목할 만하다. 아마도 농경으로 인한 잉여농산물 덕분일 것이다. 가축을 기르려면 적절한 먹이와 노동력, 그리고 시간이 필요할 터인데 그것은 농경으로 인간의 생활이 어느 정도 안정되어야 가능하다.

그러나 이 시기에 가축이 농사를 짓는 데 바로 쓰였다고 보기는 어렵다. 예를 들어 소나 말을 이용해서 땅을 갈거나 뒤엎었을 가능성은 매우 낮다. 왜냐하면 농사와 관련된 석기 유물 가운데에는 가축에 매어 쓰는 용도의 것이 거의 없다. 예를 들면 반달돌칼이나 돌호미, 돌낫 등은 모두 인간이 직접 노동할 때 쓰는 농기구이다. 반달돌칼은 반달 모양으로 생겨서 손에 쥐고 낟알을 훑어 추수하는 도구이고, 돌호미와 돌낫은 나무 자루에 매어서 땅을 가는 것으로 소나 말에 맬 수는 없다. 아마 이때까지도 가축은 필요할 때 도축할 수 있는 살아 있는 고기를 곁에 두려는 목적이 컸을 것이다. 소젖, 양젖, 말젖 등의 유제품이나 알(달걀 등)은 고기에 딸려 오는 부가적인 이득으로 볼 수 있다.

동물을 본격적으로 농업에 활용한 것은 철기시대 즈음으로 볼 수 있다. 석기나 청동기로 된 농기구는 동물과 연결해서 힘을 전달할 만큼 튼튼하지 못했다. 철기 정도는 되어야 튼튼하고 견고해서 지속적으로 동물과 연결해서 쓸 만한 도구를 만들 수 있었다.

농경과 관련해서 가장 큰 도움을 준 동물을 꼽자면 소다. 소는 크게 등에 혹이 있는 소와 혹이 없는 소로 나눌 수 있다. 이 두 가지 종류는 서로 다른 조상에서 다른 품종으로 발달했다. 기후와 지형에 맞게 적응하며 진화하지만 인간에게 길들여지면서 크기가 작아진다는 점은 같다★. 사람이 소를 길들이기 시작한 것은 약 9,000년에서 11,000여 년 전쯤이다. 사람이 사는 곳 근처에 소가 마음 놓고 물 마실 곳을 제공하거나, 소금을 놓아두면 소의 경계심을 풀 수 있다. 이런 식으로 사람과 친숙하게 만든 뒤 풀어 놓고 길렀을 것이다. 일부 학자들은 사람이 최초로 소를 기른 것은 고기나 우유를 얻기 위해서

가 아니라는 의견을 내놓기도 했다. 예를 들면 풍요를 기원하는 조각물들과 함께 소뿔을 묻는 등 제의에 사용하기 위해 소를 길렀다는 것이다. 그러나 이러한 주장을 뒷받침하는 고고학적 증거들은 그리 많지 않은 편이다.

농사일에 소를 쓰는 것을 우경牛耕이라 하는데, 우경이 언제 시작되었는지 정확히 알 수는 없으나 아시아에서는 중국 전국시대의 문헌에 기록이 남아 있다. 철제 농기구와 함께 우경이 도입되면서 농업 생산량은 급격히 높아졌다. 한반도에는 신라를 중심으로 500년경에 도입된 것으로 알려져 있다. 삼국사기에 "지증왕 3년(502) 봄에 고을 수령에게 명해 농사를 장려했고 소 쟁기를 쓰기 시작하였다(智證麻立干三年春三月……分命州郡主勸農 始用牛耕)"라는 기록이 있다.

소를 농사에 적극적으로 활용하게 된 이유에는 먹이를 조달하기 편하다는 점도 꼽을 수 있다. 수확의 부산물인 볏짚이나 콩 껍질을

★　　가축화가 되면 어느 동물이고 예외 없이 소형화가 진행된다. 머리뼈 안면부 (얼굴)와 턱뼈와 짧아지는 것도 마찬가지다. 특히 수컷의 경우에는 고환을 자름으로써 (거세) 극적인 행동 변화를 보인다. 발정기에 이른 수컷의 행동이 거칠고 난폭해지면 동물을 기르는 사람 입장에서 통제하고 관리하기 어렵기 때문에 거세를 택하게 된 것인데, 거세를 하면 일단 성격이 온순하고 복종적이 된다. 거세는 행동의 변화뿐 아니라 성장 발달에도 영향을 미쳐서 지방 축적도 많아서 더 살이 찐다. 이런 식으로 인간은 거세, 교배 등을 통해 가축화된 동물의 진화에 직접적인 영향을 미쳤다.

소를 농사에 이용하게 되면서 농업 생산력이 크게 증가하였지만, 이것은 빈부 격차를 발생시키는 계기가 되기도 하였다.

먹일 수 있고 논두렁에 난 잡초 등을 베어 줄 수도 있다. 또한 소의 배설물이 훌륭한 거름 역할을 하기도 한다. 아프리카의 마사이족을 비롯해 여러 부족들은 지금도 소똥을 이겨서 집을 짓는데, 물이 부족해서 진흙이 없는 이곳에서는 소똥이 아주 훌륭한 건축 재료인 셈이다. 그래서 농경사회에서 소가 아주 중요한 재산으로 취급되었다. 송아지를 낳을 수 있는 암소는 지금도 수소보다 비싼 가격에 팔린다.

　우리나라를 비롯한 한자 문화권에서는 축丑, 또는 牛이라는 한자가 소를 뜻하면서 동시에 가축 전체를 나타내는 집합명사로도 쓰인다. 가축하면 소가 가장 대표적이라는 인식을 드러낸다. 영어권에서도 소를 뜻하는 명사 cattle을 살펴보면 비슷한 기원을 밝힐 수 있다. cattle의 라틴어 어원은 caput으로 '머리', '움직이는 재산(동산)'을 뜻한다. 현대영어에서 동산을 뜻하는 chattel과 경제학에서 자본을 의미하는 capital 역시 여기서 파생된 단어들이다. 이처럼 다른 나라에서도 소를 중요한 재산으로 여겼음을 알 수 있다.

말,
수레를 끌다

●● 　지난 1만 년을 돌아볼 때 말처럼 성공적으로 가축이 된 동물은 드물다. 그사이 지구상에는 포유동물만 해도 4,000여 종이 살았지만 가축이 된 동물은 기껏해야 10여 종에 지나지 않다는 것을 생각하면 말의 가축화는 더욱 돋보인다.

　동물 입장에서 가축화는 진화의 비극적인 결말이라고 생각하는 독자들도 있을 것이다. 야생에서 자유롭게 살 수 있는 동물이 가축으로 붙들려 고삐에 매여 사는 것은 그들의 의지에 반하는 것이라고 생각할 수도 있다. 그런데 앞에서도 언급한 것처럼, 어떤 동물이 가축이 되느냐는 아니냐는 인간의 의지 문제는 아니다. 고대 이집트 사람들은 하이에나를 길들이려고 했고, 오스트레일리아 원주민은 왈라비와 캥거루도 길들이려 했다. 그러나 그것은 그야말로 '노력'으로 그쳤다. 그밖에도 가축화에 실패한 동물들의 예는 수없이 많다. 이러한 예들이 의미하는 것은 무엇인가? 가축화는 길들여진 동물의 적응과 진화가 없으면 불가능하다. 물론 길들이려는 인간의 의지와 노력이 없어서는 안 되겠지만, 그에 못지않게 동물 스스로가 길들여지는 쪽을 택해야 한다는 것이다.

이러한 주장은 언뜻 우리가 갖고 있는 상식과 어긋난다. 그리하여 이성적으로 쉽게 받아들여지지 않는다. 자유를 포기하고 속박을 택하다니? 너른 초원을 버리고 우리를 택한다고? 그러나 이것 역시 지극히 인간적인 사고이다. 다른 관점에서 본다면 그들은 약육강식, 적자생존의 살벌한 야생에서 먹이와 안전이 보장된 사육 공간을 택한 것이 된다.

개와 늑대를 비교해 보라. 아주 단순하게 말해, 늑대는 야생 그대로의 동물이고 늑대가 길들여진 동물이 개라고 할 때 늑대는 길들여지기에 적합한 여러 가지 자질을 잠재적으로 가지고 있었다. 그 자질들이 인간과 더불어 살면서 점차 강화되어 오늘날의 '개'가 된 것이다. 분류학상 같은 종인 개와 늑대가 지금은 현격한 차이를 드러내는 것은 길들여졌을 때와 그렇지 않고 야생 상태에 있을 때 얼마나 달라지는지를 보여 준다.

동물에 관한 책을 여러 권 쓴 과학저널리스트 스티븐 부디안스키는 길들여진 동물과 인간의 관계를 아래와 같이 표현했다.

"최초의 인간 취락 주변을 배회하기 시작했던 동물들이 잃는 것보다는 얻는 게 더 많았던 '공진화' 라는 길고 느린 상호 적응 과정을 거치면서 길들이기가 나타났다. …… 인간의 서식지 근처에 머무름으로써 다른 포식 동물로부터의 포식도 면할 수 있었기에 더욱더 번성할 수 있었다. 오늘날 우리 가정생활의 부산물인 먹이와 안식처를 찾아 집 안으로 침입해 오는 찌르레기, 생쥐, 들쥐, 칼새와 마찬가지로, 가축의 조상들 역시 자기 스스로 우리를 따랐다."★

말을 이용하기 시작한 유목민들

이번 장에서 다루려는 '말' 도 마찬가지다. 말은 길들이기에 좋은 몇 가지 장점을 가졌다. 일단 먹이가 까다롭지 않다. 아무 데서나 쉽게 찾을 수 있는 여러 가지를 먹는다. 번식력이 높아서 새로운 무리를 이루기가 쉽다. 사회성이 높아서 지배와 복종 관계에 잘 적응한다. 이러한 특성을 토대로 인간에게 길들여진 말은, 특히 빨리 달리는 능력을 강화하는 쪽으로 진화했다.

★ 스티븐 부디안스키 저, 김혜원 역, 『말에 대하여』, 사이언스북스, 2005년

말의 조상을 찾아 역사를 거슬러 올라가 보자. 말은 약 5,800만 년 전 에오히푸스eohippus에서 진화한 종이다. 화석으로 미루어 보건데 에오히푸스는 북아메리카대륙에 살았고 키는 30~50센티미터 남짓한 아담한 크기였다. 현생종인 에쿠스equus는 홍적세★무렵에 출현했다. 말은 아시아 대륙에 정착한 뒤 진화를 거듭했다. 현재 지구상에 있는 말은 모두 몽골리안 야생마mogolian wild horse의 후손이다. 몽골리안 야생마는 지금 말보다 더 키가 작고 다부져서 지금의 조랑말과 비슷하게 생겼다. 몽골리안 야생마는 '프리제발스키 말'이라고도 불리는데, 그 이유는 러시아 사람인 니콜라이 프리제발스키가 1879년 몽골에서, 당시로서는 이미 멸종되었다고 생각했던 이 몽골리안 야생마 무리를 발견했기 때문이다. 인류는 이 말을 용도에 맞게 개량했고 오늘날 전 세계적으로 180여 종의 품종이 있다.

인류는 맨 처음 말을 고기 즉, 사냥감으로 보았다. 기원전 1만5천 년쯤 구석기인들이 그린 것으로 알려진 프랑스 라스코 동굴벽화에는 소, 사슴을 비롯해 말도 그려져 있다. 이 동굴 벽에는 과감하고 힘

★　45억 7천만 년 정도 되는 지구 역사를 지질학이나 고생물학적 관점에서 주요한 사건을 기준으로 나눈 지질시대 단위 가운데 하나. 홍적세는 갱신세, 최신세, 플라이스토세라고도 하며 지질시대 신생대 제4기 전반을 가리킨다. 화산 활동이 뚜렷하게 나타나고 인류의 조상이 나타난 시기이다.

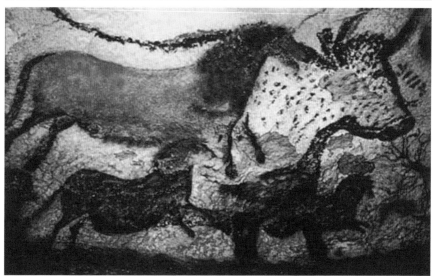

유네스코 세계문화유산으로 지정된 라스코 동굴벽화는 선사시대 인류의 생활상을 생생하게 보여 준다.

있는 선으로 표현되고, 엷게 색칠도 한 들소 떼와 사슴 무리와 함께 긴 창을 들고 선 남자 들도 그려져 있다. 이 그림을 통해서 우리는 이 지역에 살던 사람들이 소와 말 등을 사냥하여 먹고 살았으며 동굴벽화는 더 많은 사냥감을 잡게 해 달라는 기원, 주술적 의미가 있을 거라고 짐작한다.

말을 가축으로서 길들이기 시작한 것도 식량이 목적이었음이 분명하다. 고고학 유적지에서도 잘린 말뼈 등이 다른 음식물 흔적과 함께 곧잘 발견되는 것을 보면 알 수 있다. 말고기는 소고기와 비슷한 맛이고 영양가도 풍부하다. 오늘날 말고기는 아주 특별한, 고급 요리 축에 든다.

말을 처음 기르기 시작한 것은 신석기시대 말기 무렵이다. 양이나 돼지, 소 등에 비하면 이 시점은 비교적 늦는다는 것이 특징이라면 특징이다. 말을 고기로만 보고 사육하던 초기 인류는 그러나, 말이 아주 빨리 달릴 뿐만 아니라 그 속도를 유지하며 사람을 태우고 비교적 먼 거리를 달릴 수 있다는 것을 알게 된다. 그 뒤로 말은 승용乘用 동물로서 그 가치를 인정받는다. 게다가 말은 소에 못지않게 힘도 세서 수레를 끌거나 짐을 옮기는 데도 유용했다. 말을 타는 것이 먼저였는지, 수레를 끌게 한 것이 먼저였는지는 분명치 않다. 어쨌거나 이처럼 말이 교통수단으로 쓰인 것은 인류 역사로 볼 때는 비교적 최근의 일이다. 유럽에서는 기원전 2000년, 남부 러시아와 서아시아 지역은 그보다 1,000년 정도 이른 시기로 본다.

말을 처음 타기 시작한 사람들은 중앙아시아 스텝 기후 지대에 살았다. 최초의 기마유목민족이라 알려진 스키타이의 유적지에서도 말을 탄 사람이 말을 부리기 위한 도구인 재갈이나 고삐 등이 발견되는데 그 시기가 기원전 8~3세기 무렵이므로 아마 사람들이 제대로 도구를 갖추지 않고 그냥 말에 탄 것은 그보다 훨씬 전일 것이다.

최초로 말을 탔던 이들은 말을 탈 줄 알았을 뿐 아니라 말을 기르고 번식하는 데에도 일가견이 있었다. 교배를 통해 더 빨리 달리는 말, 튼튼하고 지구력이 강한 품종을 만들었다. 말의 젖을 짜서 그대로 마시거나 요쿠르트처럼 발효시킨 음료를 먹기도 했다. 말을 잘 다루고 탈 줄 알았던 이들은 비슷한 시기에 농사를 짓던 무리들과는 다른 삶의 방식을 택한다. 그들은 말을 탄 채 사냥을 하거나, 미국 서부의 카우보이들이 하는 것처럼 말을 타고 소나 양, 염소를 치며 사는 법을 익혔다. 우리가 '유목민'이라고 부르는 민족은 이처럼 말과 더불어 시작되었다. 알다시피 유목민은 초원 지대에서 말이나 가축의 가죽으로 천막을 치고 살다가 근처에서 더 이상 가축들이 뜯을 풀이 없으면 다른 지역으로 옮겨 다닌다. 그런데 유목민들이 번성하기 시작하면 이들 간의 과잉경쟁이 일어난다. 목초지는 한정되어 있는데 가축의 무리가 늘어나고 가축을 치는 사람들이 늘어나기 때문이다. 유목민들 사이에 긴장감이 높아지면 전쟁이 일어나기 쉽다.

그리고 유목민의 활동 영역이 넓어지면서, 한자리에서 농사를 짓고 사는 정착민들과 마찰이 불거지는 일이 잦아졌다. 그런데 유목

민과 정착민들 사이에 다툼이 커져 전쟁이라고 할 만한 격렬한 싸움이 벌어지게 되면 아무래도 기동력이 있는 유목민들이 유리했다. 대표적인 예가 훈족과 몽골족이다. 이들은 기마술을 이용한 높은 전투력으로 주변국을 점령하고 영토를 넓혔다. 훈족이 활동한 것은 4~5세기, 몽골족이 유럽 세계까지 벌벌 떨게 했던 것은 13세기 무렵이다. 이들은 말을 타고 거침없이 달리며 활을 쏘거나 칼로 공격했다. 이처럼 말은 평화로울 때는 논과 밭을 일구거나 수레를 끌지만 전쟁이 벌어지면 군마로서 더욱 가치가 올라간다. 말이 인류사의 여러 전쟁에 어떻게 얽혀 들어갔는가 하는 것은 뒤에서 자세히 살펴볼 것이다.

말과 마차가
신분을 나타내다

말과 떼어놓을 수 없는 것이 바로 수레이다. 최초로 말이 수레를 끌기 시작한 곳은 메소포타미아 평원 수메르 문명지이다. 기원전 3500년경 여기에서 바퀴 달린 운송 수단이 처음 나타났다. 수메르의 도시국가 가운데 하나였던 우르크에서 그림문자가 발견되었는데 여기에 바퀴 달린 수레가 등장한다. 수메르의 또 다른 도시국가였던 우르의 왕족 무덤에서도 짐수레의 잔해가 발견되었다. 초기 수레는 양쪽에 바퀴가 두 개 달려 있고 그 둘을 연결하는 축이 있는 구조이며, 그 축 위에 판을 놓고 거기에 짐이나 사람을 실었다. 수레바퀴도 처음에는 통나무를 동그란 판 형태로 자른 것이었다. 그러나 바퀴로 쓸 만큼 지름이 큰 나무도 드물었으며, 원판 하나로 된 바퀴는 쉽게 쪼개졌다. 그래서 나중에는 똑같은 크기의 판을 여러 장 덧붙여서 바퀴로 썼다. 기원전 2000년경에는 나무를 조립해서 바퀴를 만들 정도로 기술이 발달했고 덕분에 바퀴 가운데를 비워 둘 수 있었다. 이것은 수레바퀴를 가볍게 했고, 말이 수레를 끌 때 같은 힘으로 더 빨리 달리는 효과를 거두었다. 소나 말을 구하기 힘든 지역에서는 수레에 당나귀나 낙타, 순록 등을 이용하기도 했다.

수레는 수메르에서 처음 등장했지만 곧 세계 각지에서 수레가 나타난다. 아시아 문화권에서는 대표적으로 중국이 적극적으로 수레를 이용했다. 중국에서 발견된 최초의 수레는 기원전 13세기 은나라 시대 유적지에서 나왔다. 이곳에는 수레를 끄는 말과 수레가 거의 손상되지 않은 채 묻혀 있었다.

우리나라에서 말을 기른 것은 청동기시대로 추정된다. 북한의 회령 오동 유적과 평양 미림 유적에서 말뼈가 출토되었기 때문이다. 한반도 남쪽에서 출토된 말뼈로는 기원후 1세기 전후로 보이는 강릉 강문동 유적이 가장 이르다. 『삼국지三國志』「동이전」 등 문헌 자료에 말에 관한 언급이 있는 점도 주목할 만하다. 「동이전」에는, 부여에서 명마를 길러낸다는 것과 부한의 왕에게 예가 과하마果下馬: 과수 나무

밑을 지나갈 정도로 작은 말를 특산물로 바쳤다는 내용이 있다. 『사기』 「조선전」에도, 한나라 무제와 대결 중이던 위만조선이 말 5,000필과 군사들이 먹을 식량을 바쳐 협상하려고 했다는 내용이 있다. 이때가 기원전 109년인데 이미 군사용 말을 상당히 기르고 있었음을 엿볼 수 있다. 삼국시대 고분벽화나 토기에도 말을 탄 사람의 그림이 등장한다. 옛 문헌에는 수레에 대한 기록도 나온다. 『삼국지』에는 "수레와 소와 말을 타고 다닐 줄 알았다"라고 되어 있으며, 『삼국사기三國史記』에도 일찍부터 마차를 이용했음을 알 수 있는 기록이 남아 있다.

고대에는 말과 마차가 부와 경제력의 상징이었다. 말은 소와 마찬가지로 재산 가치가 있었으며, 신분을 드러내는 수단이었다. 예를 들면 신라시대에는 3년마다 백성들의 호구를 조사하면서 재산을 같이 기록했다. 이때 재산을 기록한 순서를 보면 사람, 말, 소, 논, 밭, 삼밭, 뽕나무, 잣나무, 가래나무이다. 순서가 중요도를 반영한다면 말과 소가 논밭보다 더 중요한 재산이라는 뜻이다.

고구려에서는 초상을 지낼 때는 눈물을 흘리며 곡을 하지만 장사를 지낼 때에는 북을 치고 춤을 추며 풍악을 울렸다. 죽은 자를 묻은 뒤에는 그 사람이 살아서 쓴 옷, 노리개, 수레, 말 등을 가져다가 무덤 옆에 두고 장례에 온 사람들이 다투어 그것을 가져갔다고 한다. 또한 고구려에서는 소나 말을 죽인 사람을 노비로 삼았다. "도둑질한 자는 그 물건의 열 배를 갚아야 하며, 소나 말을 죽인 자는 노비로 삼는다"는 기록이 있다. 정확하게 가치를 비교할 수는 없지만 말 한

세 상 을 바 꾼 동 물

마리와 노비 한 사람이 엇비슷하게 값이 매겨졌으리라고 짐작할 수 있다.

　삼국시대의 말과 관련한 유물에서 특히 두드러지는 점이 하나 있다. 그것은 말을 소유한 사람의 신분에 따라 말의 장식을 다르게 하고 있다는 점이다. 다시 말해 말 장식은 말 주인의 신분을 드러낸다. 고구려, 신라 등에서도 문헌에서 이러한 증거를 찾아볼 수 있다. 심지어 골품제라는 신분제를 철저하게 유지한 신라는 골품에 맞추어 수레 및 말 장식을 세세하게 제한했다. 말굴레 하나만 보더라도 진골은 거친 비단을 쓰게 했고 6두품은 베를 쓰도록 했으며, 5두품은 굴레를 아예 쓰지 못하게 했다. 말방울도 왕족과 성골은 금, 은, 동을 쓸 수 있었지만 이하 계급은 쓰지 못했다. 마구간에 보유할 수 있는 말의 수도 제한이 있어서 진골은 다섯 마리 이하, 6두품은 세 마리 이하, 5두품은 두 마리까지 둘 수 있었다.

　위와 같이 삼국시대 마구 관련 유물이나 문헌 자료만 보아도 말이 경제적, 사회적, 군사적으로 매우 중요한 역할을 했음을 알 수 있다. 특히 말이 끄는 마차는 사람이나 화물을 나름으로써 상업이나 교역 등 경제에도 큰 영향을 주었다.

털 없는
원숭이,
지구에
나타나다

동물이 인간 역사의 장면 장면에서 어떻게 기여하고 인간과 관계를 맺었나를 살피기 전에, 동물로서의 인간을 돌아보는 것이 먼저일 듯하다.

인류가 지구에 등장한 것은 오스트랄로 피테쿠스 두개골과 발자국 화석으로 미루어 보아 300~400만 년 정도이다. 100년을 채 못 사는 우리에게는 영원이나 다름 없는 엄청난 시간으로 다가오지만 45억 년으로 추정되는 지구 나이에 비하면 인류 등장은 아주아주 최신 뉴스인 셈. 지구 탄생부터 지금까지의 역사를 1년으로 계산했을 때 인류가 나타난 것은 12월 31일 마지막 날이다. 그리고 그 하루 가운데에서도 오후 다섯 시 정도라 한다. 그나마 최초의 인류가 그쯤이고, 지금 우리의 직접 조상이라 할 수 있는 호모 사피엔스 사피엔스는 12월 31일 그믐밤 자정 5분 전쯤에 나타났다. 불과 얼마 전 급작스럽게 지구에 등장한 우리 인간은 아주 빨리 불어나 지구를 장악했다.

생물학적 관점에서 보면 인간은 표와 같이 분류된다. 사람과 사람속의 호모 사피엔스 종. 인간은 동물임이 분명하다. 그러나 인간은 동물이라 불리기를 거부한다. 진화의 분기점을 지나기 전에 친척뻘이었던 긴팔원숭이와 고릴라, 침팬지 등과 매우 닮았지만 그들과 자신을 동일시하는 것을 매우 역겹게 여긴다.

인간의 진화론적 계통도를 그려 보면 아래와 같다. 이 그림은 곧 동물 친척들과 우리 조상들의 가계도이기도 하다. 아래에서 보는 바와 같이 긴팔원숭이에서 오랑우탄이, 그 뒤에 고릴라가 갈라져 나왔고, 또 그 뒤에 침팬지, 보노보, 그리고 인간이 갈라져 나왔다. 나중에 갈라진 것일수록

| 계: 동물계 |
| 문: 척삭동물문 |
| 강: 포유강 |
| 목: 영장목 |
| 과: 사람과 |
| 속: 사람속 |
| 종: 호모 사피엔스 |
| H. sapiens |

세 상 을 바 꾼 동 물

유전적으로 가깝다. 따라서 인간은 긴팔원숭이보다는 고릴라와 가깝고, 고릴라보다는
보노보와 침팬지와 더 가깝다. 침팬지와 인간의 유전자는 98%이상 일치한다고 한다.

      영장류 조상
        프로미안과 사촌들
          신대륙원숭이
            구대륙원숭이
              긴팔원숭이
                오랑우탄
                  고릴라
                    침팬지
                      보노보
                        사람

    이렇게 분화되어 나온 인간은 오스트랄로피테쿠스, 호모 하빌리스, 호모 에렉투스
를 거쳐 호모 사피엔스에 이른다. 우리의 직접 조상인 호모 사피엔스 사피엔스는, 호모
사피엔스의 한 종으로서 인류 진화의 종착역이었다.

    단, 여기서 오해하지 말아야 할 것이 있다. 인류의 기원을 위와 같이 차례로 나열했
다고 해서 이것을 후자가 전자를 갑작스럽게, 전격적으로 대체했다고 이해해서는 안 된
다. 다시 말해서 호모 하빌리스와 호모 에렉투스는 동시대에 다른 지역에서 서로 공존했
다는 뜻이다. 호모 하빌리스로 분류되는 여러 종의 인간들과 호모 에렉투스의 특성을 갖
는 여러 인간 종이 다양하게 살았지만 그중 환경에 잘 적응하고 개체수를 늘린 대표 종
만이 오래 살아남아 후손을 남기고 명맥을 이었을 것이다.

동물과 신화
— 고대

chapter 2

땅을
딛고 사는
동물

●● 　신화에는 고대인들이 생각하는 세계와 우주가 담겨 있다. 신화는 현실과 환상을 넘나들며 견고한 이미지 자산으로 인류의 '집단적 무의식'을 이룬다. 우리의 정신적 DNA에는 우리 조상들이 생각하고 믿었던 신화의 기억이 고스란히 저장되어 있다. '신화는 아무런 역사적 기록에 근거하고 있지는 않지만 한 공동체에는 영원히 남을 진실'이라고 엘리아데는 말했다.

　일본의 철학자 나카자와 신이치도 "신화는 인류 최고의 철학"이라는 말로써 신화의 가치를 함축적으로 표현했다. 그는, 신화를 이야기하고 따르는 사람들의 시대에는 자연과 인간 사이에 대칭성, 균형이 이루어졌다고 말한다. 그가 말하는 신화는, 우리가 흔히 생각하는 신들의 이야기보다 넓은 의미로 구전되는 민담과 전설을 포함한다. 나카자와 신이치는 톰슨 인디언들 사이에서 전해 내려오는

'야생 염소와 결혼한 젊은이' 이야기를 예로 들어 신화의 '대칭성'을 설명한다. 신화의 대칭성이란 인간이 자연과 균형적인 관계를 맺으려는 노력을 의미한다. 이 이야기에서 젊은이는 사냥꾼 수련을 막 시작한, 사냥꾼 집안의 막내아들이다. 어느 날 그의 앞에 아름다운 여자가 나타나 유혹한다. 그러나 막내는 자신은 지금 사냥 수련 중이며 이렇게 중요한 때 여성에게 다가갔다가는 사냥 능력을 잃는다며 거부한다. 그러자 여인은 자기와 함께 가면 훌륭한 사냥 기술을 배울 수 있다고 설득한다. 막내가 따라간 곳은 높은 절벽과 암벽 사이의 동굴이었고, 막내를 유혹한 여인은 사실 암컷 염소였다. 여자는 말한다. "이제부터 나는 당신의 아내예요." 막내는 동굴에서 지내며 자신 또한 염소가 되어 그곳의 암염소들과 관계를 갖는다. 나흘 밤낮을 그렇게 보낸 뒤 염소들과 작별한 그는 가족들에게 돌아간다. 이때 아내 염소는 막내에게 당부한다. "당신은 이제 훌륭한 사냥꾼이에요. 당신은 야생 염소가 사람이라는 걸 잘 알고 있으니까 앞으로 야생 염소를 죽인다면 사체를 다룰 때 경의를 표하세요. 당신은 모든 암염소들과 관계를 가졌으므로 암염소들은 당신의 아내이며, 새끼 염소는 당신의 아이들이에요. 그러니 앞으로는 처남에 해당하는 숫염소만 쏘세요. 하지만 미안한 마음을 가질 필요는 없어요. 왜냐하면 그들은 정말로 죽는 것이 아니라 단지 집으로 돌아가는 것뿐이니까요." 그 뒤로 아내 염소의 말대로 그는 숫염소만 사냥하고 암염소와 새끼는 죽이지 않았다.

이 이야기는 사냥꾼에게 숫염소만 죽이도록 실천적인 훈계를 한다. 암염소와 새끼까지 모두 사냥했다가는 염소의 무리가 급격하게 줄어서 여기에 기대어 사는 사냥꾼들도 굶주리게 될 것이다. 또한 이 이야기에서 보듯이 사람과 동물은 경계가 없이 넘나든다. 염소 털가죽을 쓰면 사람도 염소가 되고, 거꾸로 염소도 쉽게 사람이 될 수 있다. 염소와 사람이 부부고, 부모 자식이 되고, 친척이 된다. 현대인의 정신세계에서는 절대 이루어질 수 없는 일이다. 그러나 신화에서는 동물과 인간이 자연이라는 어머니 앞에서 다 같은 자식이며, 따라서 서로 불필요하게 해치거나 죽이면 안 된다는 윤리가 저절로 따라온다. 나의 생존을 위해서 곰을 사냥하는 것은 용납되지만 곰가죽을 벗겨서 팔거나 고기를 지나치게 많이 비축하는 것은 용납될 수 없다. 그것은 자연이라는 질서를 거스르는 일이며 나를 위해서 생명을 바친 동물들의 죽음을 욕되게 하는 것이다. 이것은 비단 톰슨 인디언들의 신화에서만 그런 것이 아니다. 북아메리카 아타파스칸 족에서 내려오는 '곰과 결혼한 소녀' 이야기도 마찬가지다. 큰곰은 반은 인간이라는 믿음이 깔려 있고, 그러기에 곰은 사람 소녀와 결혼하고 아이도 낳을 수 있다. 인간은 필요에 의해 곰을 사냥했지만 우애와 경의를 표하는 마음은 저버리지 않았다. 이에 대해 레비스트로스는, 신화는 동물과 인간이 아직 서로 분리되지 않았고 우주에서 차지한 각자의 영역이 아직 분명하게 구별되지 않던 때의 옛이야기라고 말했다.

신화에 담겨 있는 이러한 원시철학을 마음에 담고 세계 각국의 신화와 거기 등장하는 동물들을 살펴본다면, 현대와는 다른 인간과 동물의 관계 맺기가 가능하다는 것을 알게 된다.

아시아를 상징하는
용과 호랑이

옛날 사람(고대인을 이렇게 표현해도 좋다면)들은 그들이 사냥하고 기르고 먹어야 하는, 혹은 도망다니고 두려워했던 동물들을 신화에 등장시켰다. 인간이 느끼는 동물들의 외형적 특징과 속성을 캐릭터로 만들고 신화라는 틀 속에서 근사한 역할을 할 수 있도록 이야기를 엮었다. 그러다 보니 신화에 나오는 동물은 그 지역, 기후대에 사는 동물들이 대부분이다. 간혹 여러 동물을 조합한 상상의 동물도 나오고 인간과 동물이 결합된 반인반수半人半獸도 나오지만 잘 들여다보면 역시나 익숙하고 친근한 동물들의 재조합, 콜라주이다. 그래서 우리나라 신화에 나오는 동물과 북유럽이나 그리스 신화에 나오는 동물이 다를 수밖에 없다. 같은 동물이라도 신화 속의 역할과 의미가 전혀 다른 경우도 생긴다.

예를 들어 우리 민족은 호랑이를 중요한 동물로 여긴다. 호랑이의 힘과 용맹함을 두려워하면서도 숭배하고 신성하게 여긴다. 산신

제, 서낭제, 범굿 등 마을신앙에서 호랑이는 산신山神, 신령神靈과 같은 존재다. 귀신을 쫓는 능력을 가졌다고 생각해서 새해가 되면 임금님이 관리들에게 호랑이 그림을 그려서 하사하였고, 정월에는 대문에 호랑이 그림을 붙였다. 호랑이는 사람으로 둔갑하기도 하고, 인정 없고 잔인한 폭력의 대변인이 되기도 한다. 우리가 잘 아는 옛이야기에서 호랑이는 무시무시한 맹수이면서도 토끼나 여우 등 잔꾀를 부리는 작은 동물에게 속아 넘어가는 어리숙한 면을 보인다. 그만큼 호랑이는 우리에게 친숙하고 가깝게 여겨진다. 그런데 이 호랑이가 인도유럽문화권에서는 전혀 다른 상징성을 갖는다. 호랑이가 서양에 처음 알려진 것은 알렉산더 대왕이 인도 원정을 왔을 때다. tigris라는 이름은 '뾰족하다', '신랄하다' 라는 뜻의 이란 말 thigra에서 나왔다고 한다. 이미 고대부터 서구인들에게 호랑이는 동양을 상징했다. 그러므로 이들은 호랑이를 좋아하기보다는 경계하거나 꺼린다.

동서양에서 이렇게 상반된 감정을 불러일으키는 또 하나의 동물이 용이다. 용은 비록 상상의 동물이지만 농경생활을 하는 아시아 문화권에서는 물을 다스리는 신으로 위엄 있게 그려진다. 순우리말로 용을 '미르' 라 하는데 이 어휘는 '물' 과 관련이 있음을 짐작할 수 있다. 물의 신이므로 농사와 어업을 관장하는 신으로 모셔진다. 어촌에서는 고기를 많이 잡고 조난 사고가 없게 해 달라고 용왕제를 지낸다. 농촌에서는 유두날 용신에게 풍년을 기원하는 용신제를 지낸다. 그리고 용은 나라를 지켜 주는 호국신이며, 왕을 상징하는 동물이다. 조선시대 왕이 사용하는 도구나 왕의 몸을 일컫는 말에 용이 들어가는 것은 그런 이유 때문이다. 우리에게는 이렇게 고귀하고 품격 있는 용이 유럽에서는 부정적인 것으로 치부된다. 특히 기독교 문화권에서 용을 뱀과 마찬가지로 사악하고 악마적인 동물로 여긴다. 그들의 설화나 옛이야기 속에서도 용은 숨겨진 보물을 지키고 있다든가 공주를 가둔 성을 감시하는 역할을 한다. 이때 용은 기사나 왕자가 물리치거나 죽여야 할 대상일 뿐이다. 이처럼 신화 속 동물들은 그 지역, 문화에 따라 다른 가치와 상징을 띤다.

신화 속에 등장하는 다양한 동물들

흥미롭게도 새나 뱀 등 일부 동물은 전 세계 창조 신화에서 예외 없이 비중 있는 존재로 그려진다. 새나 뱀의 상징성은 문화권을 초월할 만큼 강력하고 직접적인 원형성을 갖고 있는 셈이다. 여기에서 모든 문화권의 신화를 다 다루는 것은 어려우므로 전 세계 신화에서 공통적으로 많이 등장하는 동물과 특정 지역의 신화에서만 등장하는 동물로 구분하여 살펴보자.

　　동물을 가장 많이 찾아볼 수 있는 신화는 역시 이집트 신화다. 이집트 신화는 고대 정치, 종교와 밀접하게 결합하여 발전한 것이 특징이다. 다신多神적이며, 여러 지역이 각자 고유한 창조 신화를 가지고 있다는 점도 독특하다. 지역마다 나름의 신화 체계를 가지고 있는데 이것은 지역 간의 정치적 역학 관계를 보여 주는 것이기도 하다. 예를 들어 헬리오폴리스 신화는 태양신을 숭배하는 태양 신앙이다. 왕권 성장과 동반하여 태양 신화가 강화되는 점도 눈여겨볼 만하다. 또한 이집트 신화는 내세 숭배 사상이 깔려 있다. 죽음이 끝이 아니며 죽은 뒤에는 다시 새로운 세계를 맞게 되는데, 그것은 현실의 삶보다 차원이 높고 품격이 있다고 믿었다.

이집트 신화에는 동물 형상이 많이 등장한다. 고대 이집트 역사 내내 그러했고 후반으로 갈수록 그러한 성향은 더욱 강해진다. 대개 남성 신은 황소, 숫양, 매나 사자, 여성 신들은 암소, 코브라, 암사자, 독수리로 표현되었다. 하지만 이집트 사람들이 이 동물 자체를 숭배했다고 보는 것은 무리가 있다. 이집트인은 동물의 배후에 자리 잡은 어떤 것, 혹은 그 동물이 연상시키는 어떠한 신성神聖을 숭배했다는 게 정확한 표현이다.

이집트 신화의 또 다른 특징은, 하나의 신을 여러 가지 다양한 형상으로 표현했다는 것이다. 토트 신은 따오기로도 표현되고 따오기 머리를 한 사람이 되기도 한다. 하토르 여신은 완전히 사람 모습을 취하기도 하지만 때로는 뱀도 되고, 하마도 되고, 암소도 된다. 이렇게 하나의 신이 여러 모습을 취하고, 또 호칭 면에서도 하나의 신이 여러 가지 이름으로 불리기도 한다. 이런 현상은 현대인의 눈으로 볼 때 당황스럽고 이상하다. 그러나 여기에는 이집트인들의 어떤 '생각'이 깔려 있다. 그들은 신의 진정한 형태는 감추어진 신비로운 것이라고 생각했고 오로지 죽은 자만이 신을 볼 수 있다고 믿었다. 산 자들 앞에 나타나는 신은 단 한 가지 형상이 아니라 수시로 모습을 바꾸어 신비로움을 더하고 그럴수록 신성성이 높아졌다. 따라서 이집트 신화의 신들의 모습은 그 겉모습이 아니라 그 신의 성격과 힘에 대한 암시, 상징 정도로 해석하는 것이 옳다.

이집트 신화에서 "결국 동물들은 신 자체가 아니라 신의 이미지나 그 성격을 담는 그릇"이다. 그런데 이들이 다른 존재가 아닌 동물을 그릇으로 택한 이유는 무엇일까? 어떻게 보면 고대 이집트인들은 종교적 감정을 추상화하는 방식이 미숙했고, 그리하여 구체적인 형태를 숭배하게 되었다. 이는 동물과 자신을 동일시하는 것으로 이어졌고, 동일시를 통해 동물의 속성을 공유하고자 했음을 알 수 있다. 예를 들어 허물을 벗는 뱀을 보며 "나는 뱀이다…… 나는 매일 다시 태어나며 젊어진다"라고 했으며 악어를 보면서 "나는 사람들이 두려워하는 악어다…… 나는 위대하고 힘이 세다"라고 하였다. 이집트 신화의 이러한 특징을 알고 나면 셀 수 없이 많은 신들과 그들의 중첩되는 이름들 사이에서 그나마 덜 헤맬 수 있다.

이집트에는 많은 신들이 있고, 그 신들이 동물의 모습을 하고 있다고 했다. 그중 소의 모습을 한 신이 눈에 띈다. 이집트 나일 강의 여신 중 대표적인 하토르는 아기와 어머니를 보호하며, 특히 출산 때 엄마와 아이를 보호한다고 알려져 있다. 처음에는 사자 모습을 한 전쟁의 여신이었는데 호루스가 태어나자 라가 하토르로 하여금 호루스를 돌보게 했다. 그래서 하토르는 성격이 바뀌어 온화하고 부드러운 여신이 되었다. 하토르는 '하늘의 암소'로도 불린다. 이집트 사람들은 은하수가 하늘의 암소의 젖이 흘러나온 것이라고 믿기 때문에 하토르는 은하수의 화신이기도 하다. 암소 뿔 사이에 태양이 있는 관을 쓴 모습으로 묘사되기도 한다.

소는 농경문화권 신화에서 공통적으로 등장하는데 풍요와 사랑을 의미하는 경우가 많다. 아프리카 케냐의 마사이족에게도 소는 특별한 의미를 갖는다. 그들에게 소는 고기와 젖을 주고, 가죽으로는 옷을 만든다. 소똥을 발라 집 벽에 바르기도 하고 뿔과 뼈로 생활용품도 만들고, 구하기 힘든 물 대신 소의 피를 마시기도 하니 그야말로 소는 생명과 같은 존재다. 그래서 마사이족 신화에서 주인공 남자 레 에요는 하늘의 신에게 소 떼를 선물 받는다. 마사이족은 자신들이 하늘로부터 소를 안전하게 지키는 책임을 맡았다는 사명감을 갖고 있다. 자기 부족의 소 떼만이 아니라 세상의 모든 소를 지켜야 한다고 믿는다. 마사이족은 소를 갖지 않은 부족을 도로보(가축 없는 자)라고 부른다. 이들이 창조신의 은혜를 무시하여 그 때문에 가축을 받지 못했다고 여긴다. 마사이는 소와 양, 염소 등을 키우는 목축 민족이고, 도로보는 수렵이나 채집을 하는데 이러한 생존 방식의 차

그리스 신화의 영웅 테세우스는 크노소스궁전의 미궁에 들어가 아리아드네의 도움을 얻어 미노타우로스를 물리친다.

이를 신화적으로 설명하려는 것이 엿보인다.

　　그리스 신화에도 소가 등장하지만 여기서 소는 조금 다르다. 우선 제우스가 변신한 흰 소. 페니키아 처녀인 에우로파는 흰 황소로 변한 제우스를 보고 쓰다듬는다. 제우스는 얼른 처녀를 등에 태우고 달아난다. 제우스가 사랑한 여자 이오를 암소로 변신시킨 일도 있다. 그러나 제우스의 아내 헤라는 이오를 알아보고 암소를 괴롭히기 위해 등에를 보내 끝없이 암소를 쏘게 했다. 암소는 결국 미치고 말았다. 그리스 신화 속의 또 다른 유명한 소로는 미노타우로스가 있다. 그는 반인반수의 괴물이다. 이 괴물이 태어난 사연은 이렇다. 포세이돈이 흰 소를 크레타 왕 미노스에게 선물로 주었는데 제물로 쓰지 않고 길렀다. 이 소식을 들은 포세이돈은 화가 나서 미노스의 아내가 소와 사랑에 빠지게 만들었다. 그 결과 미노타우로스라는 괴물이 태어난다. 미노스는 그 괴물을 가두기 위해 미로로 된 궁을 짓는다. 이 괴물에게 바쳐질 제물로 다른 나라 젊은이들이 붙잡혀 오는데, 테세우스라는 청년이 결국 괴물을 처치한다. 테세우스에게 반한 미노스의 딸 아리아드네가 미궁을 빠져나오는 방법을 알려 주었기에 그는 살아서 탈출할 수 있었다. 이 이야기의 배경이 된 크레타 섬에는 황소 신앙이 널리 퍼져 있는데, 황소를 나타내는 수많은 조각물과 표상이 남아 있는 것으로 보아 황소를 섬기는 제의가 있었으리라 추측할 수 있다.

중국 신화에서도 '염제 신농'이 소와 관련이 있다. 중국 신화에서 가장 높은 신은 '황제'인데, 황제가 최고신에 오르기 전에 그 자리를 차지했던 것이 바로 '염제'이다. 황제에게 자리를 빼앗기기는 했지만 염제는 남방으로 내려가 큰 신으로 자리매김을 한다. 염제는 소의 머리를 하고 손에는 이삭과 채찍을 쥐고 있는 모습이다. 고구려 고분 벽화에도 이와 같은 염제가 그려져 있다. 손에 든 이삭은 그가 농업을 관장하는 신임을 알려 준다. 다른 손에 든 채찍은 신비한 힘이 있는 '자편'으로 알려져 있는데 염제는 이 채찍으로 약초의 효능을 알아냈다고 한다. 염제가 약초와 의학과도 관련이 있음을 알 수 있다. 신화에 따르면 사람들이 사냥만으로는 먹고 살기 힘들어 염제가 이것으로 괴로워할 때 하늘에서 곡식 비가 내렸고, 이때부터 사람들은 농사를 짓기 시작했다고 한다. 그리하여 염제는 농사의 신, 신농이라 불린다. 염제는 이밖에도 따비, 절구 등 농기구와 우물을 만들고 농사에 필요한 달력도 만들어졌다고 한다. 농사의 신인 염제가 소머리를 한 것은, 농사를 짓는 데 소가 없어서는 안 되는 중요한 동물이었음을 간접적으로 드러낸다. 그리고 신화 속에서 염제의 조카 또는 손자라고 알려진 숙균은 소를 이용해서 농사를 지은 것으로 유명하다. 숙균은 밭의 신으로도 알려졌다.

중국은 오래 전부터 문자를 가졌기 때문에 신화에 관한 기록이 비교적 많이 남아 있다. 중국 신화가 기록되는 시기는 대체로 춘추전국시대부터로 볼 수 있다. 이 시기 한족漢族은 황허 중하류를 중심으로 살았고, 북방 몽골이나 간쑤, 신장 등의 서역, 양쯔 강 이남은 다양한 소수민족들이 자리 잡고 있었다. 물론 한족과 기타 민족들은 서로 영향을 주고받았을 테지만 민족 내에서 전승되는 신화와 전설은 다분히 차이가 있었다. 그런데 신화가 문자로 기록되는 과정에서 여러 가지 이해에 따라 다른 민족들의 신화를 차용하거나, 혹은 자신들의 신화를 왜곡하거나 과장했을 가능성이 있다. 신화를 볼 때 역사와 함께 살펴볼 필요가 있는 것은 이와 같은 까닭이다.

소와 더불어 여러 신화에서 빈번하게 등장하는 다른 동물로는 곰을 들 수 있다. 특히 한국 사람들에게 곰은 '단군신화'를 통해 강하게 각인되어 있다. 흔히 단군신화를 호랑이와 곰을 토템으로 하는 부족 간의 세력 다툼, 그리고 최후에는 곰 부족의 승리, 이런 식으로 의미 분석한다. 그러나 꼭 이런 관점을 따르지 않더라도 호랑이보다는 곰이 조상신, 모신母神이 되기에 더 적합한 점이 있다. 일단 곰은 두 발로 설 수 있어서 사람처럼 의인화하기 쉽다. 북미 인디언 신화에도 곰이 사람이 되고, 사람 여자와 결혼하는 이야기가 자주 나온다. 곰이 겨울잠을 자기 위해 굴에서 지내다 나오는 것을 우리는 인간이 되기 위해 쑥과 마늘을 먹으며 인내한 것으로 해석한다. 죽음의 위협을 느끼는 겨울을 나고 봄이 되어 굴 밖으로 나오는 것은 새롭게 다시 태어난다는 재생, 부활의 이미지로 받아들였다. 이처럼 우리는 곰의 특성을 긍정적인 것으로 해석하고 강조했지만, 반면 유럽 사람들에게 곰은 암흑과 어둠을 상징했다. 곰을 잔인하고 야만적이고 난폭한 자연의 힘으로 여겼으며, 한편으로는 서커스에서 재주를 부리고 꿀로 유인할 수 있는 어리석고 가벼운 동물로 치부했다.

뱀도 여러 지역 신화에서 자주 나타나는 상징성 높은 동물이다. 팔다리가 없고 기어다니는 점, 길고 미끈한 생김새 때문에 사람들은 무의식 속에서 뱀을 의인화하지 못하고, 그래서 극단적으로 혐오감을 느끼기도 한다. 하지만 그만큼 다르고 특별하기 때문에 신성하게 여겨지는 측면도 있다. 남성의 생식기와 연관해 생명과 탄생에 관여하는 힘을 지녔다고 믿기도 한다. 농경문화권에서는 풍요와 다산의 상징이기도 하며, 땅을 지키는 초자연적인 신령으로 여겨지기도 한다. 그리스 신화에서는 뱀이 시와 음악, 의학의 신과 관련이 있다. 그러나 기독교 시대로 접어들면서 서구인들은 뱀을 사악하고 저주받은 동물이라고 멸시하기 시작한다. 용 역시 큰 뱀의 일종으로 여겨 좋지 않게 여겼다.

아프리카 신화에서 뱀은 우주 창조에 관여한다. 아이다 웨도라는 우주 뱀은 반으로 나뉜 세계를 붙들고 지탱하는 일을 한다. 아프리카 신화에서 창조를 일으키는 두 가지 힘은 영원한 남성 뱀 아이다 웨도와 여성 창조신 마우에서 비롯된다. 여성 신 마우는 대지의 신과 천둥의 신, 바다의 신을 낳았고, 흙으로 인간을 빚었다. 마우는 어머니 신답게 자기가 만든 인간이 살 곳을 걱정했다. 마우는 거대한 호리병박 모양으로 땅을 빚었다. 이곳에 뱀인 아이다 웨도가 몸을 뒤틀고 구불거리며 지나가면서 강과 골짜기가 생겼다. 거대한 천지 창조 작업 중간에 마우와 아이다 웨도는 쉬어야 했는데 그 사이 뱀의 똥은 점점 더 높이 쌓였다. 이 똥은 점점 굳어져서 단단한 바위가 되었다. 이들이 만든 대지는 거대한 바다 위에 떠 있었지만 대지 위의 인간과 동물, 금광석 등의 무게로 너무 무거웠다. 자칫하면 바다로 가라앉을 것을 걱정한 마우는 아이다 웨도로 하여금 대지를 칭

칭 감고 떠받치게 했다. 그러나 아이다 웨도는 뜨거운 대지를 싫어했고 시원한 바닷물에 앉아 있는 것을 좋아했다. 그래서 우주 뱀 아이다 웨도가 편안한 자세를 취하려고 이따금 몸을 뒤척일 때가 있는데, 이렇게 대지가 뒤흔들리는 게 바로 지진이다.

중국 신화에 등장하는 여와도 뱀의 모습으로 그려진다. 원래 여와는 진흙으로 인간을 빚은 위대한 여신이다. 초기 신화에서 여와는 불완전한 태초의 하늘을 메운다. 아직 완전하지 못한 하늘 한쪽이 무너져서 땅이 갈라지고 갈라진 틈에서 큰물이 나와 홍수가 일어난다. 여와는 자신이 만든 인간들이 대혼란 속에서 고통 받는 것을 보고 가슴 아파한다. 여와는 강가로 가 돌들을 주운 다음 이를 녹여 하늘 구멍을 메운다. 돌을 녹이는 것은 매우 힘들었지만 여와는 사람을 구하겠다는 마음 하나로 그 일을 해낸다. 가까스로 구멍을 메웠지만 하늘이 지탱할 수 있을까 그것조차 염려스러웠던 여와는 거북이 다리를 잘라 기둥을 세우기로 한다. 그래서 지금도 중국 사람들은 '여와보천'이라는 말을 쓴다고 한다. 희생적으로 큰일을 이루어 냈을 때 '여와가 하늘을 수리했다'고 말하는 것이다. 그런데 중국 고대 문헌에서 여와의 신격에 점차 변화가 생긴다. 기원전 2세기경 한나라 때에 와서는 여와는 독립적인 신으로 그려지는 것이 아니라 복희라는 남신의 아내로 종속된다. 그리스 신화에서도 제우스의 위대함이 강조되면서 그 아내 헤라가 원래 다산과 풍요의 여신이었다는 사실이 약화되는 것처럼 중국 신화에서도 여성 신의 신격이 약화되

세상을 바꾼 동물

여와 신화를 통해 우리는 고대 중국에서 부족 단위의 모계 사회가 존재했음을 짐작할 수 있다.

는 현상이 나타난다. 안타깝게도 여와는 하늘을 수리하고 인간을 빚은 위대한 신에서 영웅 복희에게 어울리는 배우자로 그 의미가 축소된다. 이때 복희와 여와는 서로 꼬리를 감은 한 쌍의 뱀으로 그려진다. 교미交尾, 즉 뱀이 꼬리를 꼰다는 의미로 이것은 남녀 간의 성적인 결합을 상징한다. 나중에 복희와 여와 신화는 다른 버전으로 발전하여 후대에는 모든 인류가 사라지고 오로지 둘만 남은 남매로 그려지기도 한다.

신화는 자연을 바라보는 인간의 상상력이다

신화는 그 문화권의 자연적 조건과 아주 밀접한 관계를 갖고 있으므로 특정 지역에만 사는 동물들이 나오는 신화는 그래서 흥미롭다. 이집트 하면 나일 강이 떠오르듯 이집트 신화에도 역시 나일 강에 사는 하마와 악어가 나온다. 일례로 소벡은 악어 머리를 한 신으로 강물과 호수의 수호신이다. 잉카족의 신화에서는 라마를 숭배하고 우리가 흔히 거문고자리로 일컫는 성좌를 그들은 '라마 자리'라고 부른다. 오스트레일리아 신화에는 캥거루가 등장한다. 오스트리아의 일부 애보리진은 캥거루가 그들의 조상이라고 믿는다. 아프리카 설화에는 아프리카에서 흔히 볼 수 있는 표범이나 코끼리가 다른 지역의 신화에 비해 자주 등장한다.

술수꾼으로 그려지는 아프리카의 거미 아난시도 독특하다. 거미는 정확하게 말하면 곤충은 아니지만, 신화에 나오는 동물 대부분이 포유류라는 점에서 아난시는 존재 자체가 눈에 띈다. 술수꾼, 혹은 트릭스터는 어느 신화에나 등장하는 장난꾸러기 신이다. 다른 신들에게 장난을 치고 혼란을 가져오는 존재를 말한다. 성욕이나 식탐을 노골적으로 드러내며 장난기가 많은 것이 특징이다. 이들의 이름은 변덕스럽고 유치하며 무질서한 것의 상징이 된다. 이들의 장난으로 세상이 위기에 처하거나 반대로 이들의 기개로 인간에게 유익한 일이 생기기도 한다. 북아메리카 신화에 자주 나오는 코요테나 서아프리카의 거미 아난세가 대표적인 트릭스터이다.

이집트의 고양이 신도 흔하다고는 할 수 없을 것이다. 고양이 머리를 한 이집트의 바스테트도 관능과 풍요를 상징하는 여신이다. 태양신 라의 딸로서 양쪽 귀에 풍뎅이가 있는 모습으로 그려졌다. 풍뎅이 역시 태양의 상징이기 때문이다. 풍뎅이가 땅에서 소똥을 굴리듯이 태양신은 풍뎅이(케프리)가 되어 태양 원반을 하늘에서 굴린다고 믿었다. 그러나 후대로 가면 바스테트는 오롯이 고양이로 나타난다. 바스테트 여신을 기리기 위해 고양이 미라를 만들기도 했다. 부바스티스에는 고양이만 묻힌 무덤도 발견되었다. 고양이의 가르릉거리는 소리 때문인지 사자로 묘사된 바스테트도 있다. 암사자 머리로 된 조각상이 그것이다.

신의 전령사, 새

　　인간은 날 수 없다. 날개가 없다. 땅에 발을 딛고, 머리에는 하늘을 이고 있다. 인간에게 하늘은 동경의 대상이었다. 그런 하늘을 자유롭게 날아다니는 동물, 새. 인간은 그러한 새를 동경하고 자유의 상징으로 여긴다. 신화 속에서 새는 하늘과 땅, 신과 인간을 연결하는 매개이기도 하다.

　　또 한 가지 새와 관련해서 신화에서 주목할 말한 것은 바로 '알'이다. 인간은 포유동물이므로 알을 낳지 않는다. 그런데 새는 알을 낳고 알을 품는다. 알 속에서 자란 새끼가 알을 깨고 나온다. 알은 동그랗다. 동그랗고 매끄러운 것, 원은 완벽함을 뜻한다. 알은 완벽하다. 알과 우주의 이미지가 자연스럽게 연결된다. 중국 신화에서는 태초에 우주가 알에서 생겨난다. 중국뿐 아니라 그리스 등도 창조 신화에 알이 등장한다. 영웅들 또한 알에서 태어난다. 우리가 잘 아는 고구려의 시조 주몽도 알에서 태어났다. 완벽한 형태의 알, 그 속에서 태어난 영웅. 그리고 알은, 껍질을 깨지 않으면 나올 수 없음을 상징한다. 영웅이 겪어야 할 시련, 그가 세상을 구하기 위해 치러야 하는 고통 등이 바로 '알을 깬다'는 이미지와 결합한다.

이처럼 동경의 대상이며, 신의 전령사이며 알을 낳는 신령스런 존재인 새가 세계 각국 신화 속에 어떻게 등장하는지 살펴보자.

알과 새,
그리고 세상의 창조

중국 신화에서 알은 창세 신화와 관련이 있다. 알로 된 우주 속에서 1만8천 년 간 잠을 자던 반고는 어느 날 잠에서 깨어난다. 처음에는 세상이 혼돈으로 가득했으나 차츰 무거운 것은 아래로, 가벼운 것은 위로 올라가 땅과 하늘로 갈라졌다. 반고는 이것이 다시 붙을까 봐 가운데에서 나누어 받쳐 들었다. 처음에는 하늘과 땅이 가까웠지만 점차 둘 사이는 멀어졌고 거기에 따라 반고의 키도 점점 커졌다. 하늘을 받치는 것은 너무 힘든 일이었지만 반고는 그 자리에 그렇게 계속 서 있었다. 그렇게 다시 1만8천 년이 흘렀다. 이제 하늘과 땅이 다시 붙을 염려가 없게 되었다. 반고는 마음을 놓고 그 자리에 쓰러졌는데 그대로 기력이 다해 죽고 말았다. 반고는 다른 신들과 달리

오랜 시간이 지나 자연사한 것으로 묘사된 것이 특징이다.

그리스의 창조 신화에도 새와 알이 등장한다. 우주가 창조되기 전에는 아무것도 없고 광활한 어둠, 혼돈만이 있었다. 그런데 이 무無의 공간에 어떤 '힘'이 나타난다. 이 힘은 창조의 에너지이다. 그리스 신화에 따르면 이 힘에는 이름이 있는데 '에우리노메' 여신이라고도 하고 다른 이야기 속에서는 '가이아'라고도 한다. 가이아는 대지의 여신이기도 하다. 에우리노메 여신은 모든 존재에 대한 신이며, 우주의 알을 낳는 새로 형상화된다. 그런데 이 여신이 짝을 짓는 대상은 '오피온'이라는 뱀이다. 여신인 새와 태초의 뱀이 짝을 지어 세상(알)을 창조한다는 것이다. 이때 여신은 비둘기로 변신하여 알을 낳는다. 오피온은 그 알을 둘둘 감쌌고 그렇게 알은 부화했다. 알에서 나온 것은 바로 이 세상 모든 존재였다. 하늘의 신 우라노스, 산의 신 우레아, 바다의 신 폰토스, 별과 행성의 신과 대지의 여신 가이아 및 산과 강의 신이 이 알에서 나온다. 우리가 익히 아는 제우스 등 올림포스 신전에 사는 수많은 신들의 조상신이 이렇게 알에서 태어난다.

에우리노메가 가이아로 등장하는 이야기 속에서는 가이아가 하늘의 신인 우라노스와 사랑을 나눈다. 우라노스가 생명을 주는 물을 가이아의 살갗에 흘려보내고 이로 인해 호수와 바다, 대지에 최초의 생물이 나왔다고 한다. 이중 가장 먼저 나온 것은 손이 100개 달린 거인족 기간테스였다. 기간테스는 머리가 50개, 손이 100개 달려 있

세상을 바꾼 동물

티탄들은 크로노스와 함께 아버지 우라노스를 몰아내고 세계를 지배하지만, 자신들 또한 크로노스의 자식들에게 쫓겨나는 운명에 처한다.

었다. 그 다음에 나온 것이 외눈박이 거인족 키클롭스였다. 그밖의 여러 자식들 가운데 우리가 기억할 만한 것은 티탄이라는 거인족이다. 티탄족의 우두머리인 크로노스 때문이다.

시간의 신이기도 한 크로노스는 자식들이 자기를 죽일 거라는 예언 때문에 아내가 아이를 낳는 족족 잡아먹었다. 그러나 이중 살아남은 아들이 있으니 그가 바로 제우스다. 제우스는 아버지에게 복수를 결심한다. 아버지가 삼킨 형제, 남매를 모두 구하고 아버지를 지하 세계로 쫓아낸다. 크로노스와 제우스로 대표되는 두 세력은 계속 다투었지만 결국 제우스는 포세이돈, 하데스 등과 힘을 합쳐 티탄들을 타르타로스에 가두는 데 성공한다. 이후에도 몇 차례 이러한 신들 간의 전쟁이 있지만 제우스는 최종적으로 확고한 지위를 얻는다. 이리하여 그리스 신화에서 주요한 열두 신은 제우스, 아프로디테, 아폴로, 아레스, 아르테미스, 아테나, 데메테르, 헤파이스토스, 헤라, 헤르메스, 헤스티아, 포세이돈으로 정리된다.

그리스 신들은 변신의 능력을 갖고 있어서 상황에 따라, 필요에 따라 동물로 모습을 바꾼다. 예를 들면 제우스는 여성 편력이 대단한 바람둥이였다. 신화에서는 제우스가 인간을 공포에 질리게 하고 그의 벼락이 가까이 있는 생명을 태워 버리므로 여인에게 접근하기 위해서는 변신해야만 했다는 필연적인 이유, 즉 '설정'이 마련되어 있다. 제우스는 자주 변신했는데, 스파르타의 왕비였던 레다에게 다가갈 때는 백조로 변신했고, 페니키아의 아가씨 에우로파를 유혹할 때는 흰 소로 변했다. 또 아내인 여신 헤라에게 애인 이오를 들키지 않게 하려고 이오를 암소로 바꾸기도 했다.

새로 변신한 신으로는 아폴로가 있는데 그는 까마귀로 변했다. 까마귀는 북극 지역이나 북아메리카 신화에서도 신령스런 존재로 그려진다. 그곳 원주민들의 입을 통해 내려오는 이야기 속에서 갈까마귀는 어둠만이 가득한 세상에서 빛을 모르고 손으로 더듬거리며 살았던 인간들에게 맨 처음 빛을 가져다주었으며, 또한 족장의 딸과 결혼하여 후손들을 퍼뜨렸으므로 그들의 조상이기도 하다.

이집트 신화에서 왜가리 모양의 베누는 태양신을 나타낸다. 태초부터 존재한 베누는 바다 위를 날다가 벤벤석이라는 바위섬에 내려앉아서 큰 소리로 울었다고 한다. 베누의 울음소리에 영원의 적막이 깨지고 생명의 탄생을 알릴 수 있었다. 이집트 신 중 가장 힘이 세다는 호루스는 송골매 머리를 한 하늘의 신이다. 호루스의 오른쪽 눈은 태양이고, 왼쪽 눈은 달이다. 토트도 새와 관련이 있다. 토트는 따오기 머리를 한 신으로서 시간, 지식, 글쓰기, 달을 관장한다. 구부러진 부리는 초승달을 닮았고 흑백의 깃털은 달의 차고 이지러짐을 뜻한다. 그는 또한 이집트의 상형문자를 발명했다고 하는데, 토트는 동시에 마법의 신이기도 하므로 상형문자에는 마법의 힘이 있다는 말이 전해진다.

토트가 맡은 또 하나의 재미있는 역할은, 죽은 자가 심판 받는 것을 기록하는 것이다. 이집트인들은 죽은 뒤의 세계에 무척 관심이 많았고, 죽은 자들을 신과 거의 동격으로 보며 숭배했다. 사람이 죽으면 지하 세계로 여행을 시작하고 그곳에서 새로운 삶을 산다고 믿었다. 시신을 미라로 보존했던 것도, 새로운 삶을 살 때 원래 몸에 다시 깃들어야 한다고 믿었기 때문이다. 이집트 신화에서는 사람이 죽으면 75단계의 제의를 거쳐서 영생을 향한 여행을 떠난다. 죽은 이의 여정이 끝나갈 무렵 두 개의 진실의 방에서 심판을 받는다. 죽은

이집트인들을 죽음 이후에 다시 영혼이 부활한다고 믿었기 때문에, 미라로 육체를 보존하고
『사자의 서』를 통해 죽음 이후의 세계를 안내했다.

이를 심판하는 것은 오시리스와 마흔두 명의 품평관 신들이다. 각
신들은 영혼의 한 가지 면을 평가한다. 진실의 방에는 심장의 무게
를 다는 저울이 있다. 진실과 정의의 여신인 마아트의 깃털이 저울
추인데 심장이 죄를 지어서 깃털보다 무거우면 아무트에게 잡아먹
힌다. 죄가 없어서 깃털보다 가벼울 경우에는 다음 단계의 심판으로
넘어간다. 토트는 그 자리에서 심판의 결과를 기록한다.

　닭은 날지 못하는 새이지만 아프리카에서는 대지를 만드는 존재
로 출연한다. 나이지리아의 요루바족은 하늘의 신이 아들에게 흙 한
자루와 암탉, 그리고 종려나무 한 그루를 주어 세상에 내려 보내 대
지를 만들게 했다고 믿는다. 신의 아들인 오바탈라는 흙을 꺼내 물

에 뿌렸고 그것이 육지가 되었다. 하얀 암탉은 그 흙을 발로 흩뿌려 대륙과 언덕, 계곡을 만들었고 아프리카 대륙은 그렇게 완성된다. 종려나무는 아프리카 사람들에게 아주 소중한 나무로 열매와 기름을 제공한다.

아프리카에서 하얀 암탉이 신성한 창조신의 모습이라면, 중앙아메리카 아이티에서는 검은 수탉이 관능과 성욕의 상징이다. 고대 아이티에서 게데라는 신은 사랑과 섹스, 풍요를 나타내며 동시에 죽음을 지배한다. 게걸스럽고 식탐, 술에 대한 욕심도 대단한 관능적인 이 게데의 배우자가 바로 검은 수탉이다.

전쟁과 역병, 비극의 시작
– 중세

chapter 3

말 등자와 전쟁

●● 말은 수레를 끌면서 더욱 인간에게 유용한 가축이 되었다. 그런데 수레는 사람을 태우고 짐을 나르는 역할에서 차츰 전쟁터에서 '전차'로 활용되기 시작한다. 수메르인들의 경우 기원전 2500년경 말이나 당나귀가 끄는 바퀴 네 개의 사륜 전차를 사용했다. 물론 전차가 생각처럼 그렇게 효율적이고 편리하기만 한 것은 아니었다. 당시 도로는 지금처럼 차가 다니기 좋게 정비된 길이 아니었다. 따라서 수레는 장거리 여행에 그리 적합하지 않았다. 덜컹거리는 길을 가다 보면 바퀴나 수레 부품이 빠지거나 고장이 나기 쉬웠고, 비가 와서 진창이 되거나 날이 추워 길이 얼면 수레가 앞으로 나아가는 것조차 힘들었다. 경사면이 급한 길을 오르거나 내릴 때는 말과 수레가 미끄러져서 말은 물론이고 사람들까지 죽거나 다치곤 했다. 그러나 이러한 단점에도 불구하고 전쟁터에서 전차는 그 모습만으로도 위용

세상을 바꾼 동물

을 떨치며 적을 압도했다. 당시의 전투는 창이나 칼을 든 보병이 주력이었으므로 말이 끄는 마차가 진영을 이루어 다가오면 굉장히 위협적이었다. 또 전차에 탄 병사는 일반 보병보다 위쪽에서 공격하므로 전투 시 높은 시야를 확보하고 사방에서 다가오는 적들을 더 빨리 파악하고 대응할 수 있었다.

전차와 기병이
전쟁의 양상을 바꾸다

수메르를 멸망시킨 아카드 제국은 사륜 전차보다 기술적으로 한 단계 앞선 이륜 전차를 개발했다. 이륜 전차는 사륜 전차에 비해 속도도 빠르고 기동성도 뛰어났다. 내구성도 높아져서 거친 길을 오랫동안 다녀도 부서지지 않았다. 아카드의 전차는 두 마리 말이 끌었다. 전차 한 대에 세 명의 군인이 타는데, 창병과 궁병이 섞인 3인 1조의 전차 탑승 방식은 이후 그리스, 인도, 중국까지 퍼져 나갔다. 특히 메소포타미아 일대의 히타이트 부족과 이집트 등은 전차를 계속해서 개량하며 전투력을 높였다. 이집트인들은 바퀴 테를 최대한 얇게 하고 전차를 가볍게 개량해서 운전수와 궁수 두 사람만 타게 했다. 채리엇이라 불리는 이집트 전차는 궁사가 사정거리가 긴 활을 쏘면서 도망치는 적을 재빨리 뒤쫓을 수 있는 장점이 있었다. 반면 히타이트의 전차는 세 명이 타기 때문에 튼튼한 대신 속도가 느렸다. 그래서 히타이트는 방심하고 있는 적을 기습적으로 공격하는 전술을 썼다. 이처럼 전차와 전술의 역사를 살펴보면 기술 문명과 과학이 전술을 발전시키고 또한 반대로 전쟁이 그러한 계기를 제공하는 장면을 목격할 수 있다.

기원전 9세기부터 6세기 무렵 메소포타미아를 장악하고 강력한 제국을 이룬 아시리아의 군대 역시 전차 부대가 주력이었다. 아시리아의 전차는 네 마리 말이 끌 정도로 크고 무거웠으며 병사 네 명을 태울 수 있었다. 아시리아인들은 바퀴 축에 낫이나 창을 달아서 전차에 접근하는 적에게 상처를 입혔다. 이들은 또한 최초로 바퀴 테에 구리, 청동을 얇게 판으로 만들어 붙여 바퀴의 내구성을 높였다. 전차를 적극적으로 활용한 아시리아는 기원전 854년 카르카르 전투에서 전차를 무려 1,200대나 동원하기도 했다.

아시리아인들은 전쟁에서 전차의 중요성도 알고 있었지만, 말 탄 병사 즉, 기병도 활용했다. 그들은 기원전 880년경 최초로 기병을 독립된 부대로 만들었다. 이것은 당시로서는 매우 혁신적인 아이디어였다. 왜냐하면 기원전 9세기까지 메소포타미아에는 기병대가 없었다. 당시 말은 힘이 약하고 덩치가 작아서 지금처럼 허리에 사람을 태우지 못하고 엉덩이에만 태울 수 있었다. 하지만 기원전 1000년을 전후해서 중앙아시아에서는 교배를 통해 덩치 큰 말이 생산되기 시작했다. 점차 품종이 개량되면서 말을 타고 전투에 나서는 것이 가능해졌다. 메소포타미아 북쪽 초원에 살던 스키타이 등 여러 유목 민족들이 말을 타고 아시리아를 습격했기 때문에 아시리아는 이에 대항해서 기병대를 조직했다. 그러나 안장이나 등자가 없던 기병대는 고삐만 잡고 말을 조정해야 했으므로 매우 어설펐다. 그럼에도 불구하고 기원전 7세기에 이르면 아시리아 군대에서는 기병이 핵심 전력으로 자리 잡는다.

중국도 은나라에서 최초로 전차를 사용한 뒤 주나라를 거쳐 춘추 전국 시대에는 전차를 보편적으로 전투에 활용하게 된다. 하지만 기원전 3세기를 기점으로 차츰 전차가 사라진다. 유목민들과 전쟁을 치르면서 전차보다는 기병대를 조직하는 게 더 낫다는 것을 깨달았기 때문이다. 기병은 전차보다 기동력이 높고 비용도 적게 드는 이점이 있었다. 마구, 등자 등이 발명된 이후에는 기병의 전술적인 활용도가 전차를 월등히 앞서게 된다.

말을 탄 기사가
봉건제 사회의 시작을 알리다

인간이 말을 부리기 시작하면서 마구馬具도 같이 발달했다. 마구는 인간의 편의를 위해서 필요했다. 또 말의 육체적 피로를 덜어 주고 효율적으로 활용하기 위한 것이기도 했다. 마구의 종류는 문화권에 따라, 연대기적인 순서에 따라 다양한 예를 찾아볼 수 있다. 대표적인 마구는 안장, 재갈, 등자, 박차 등이다. 그중에서도 등자는 동서양 전쟁사와 관련해서 빼놓을 수 없는 중요한 발명품이다. 등자는 서양 중세와 관련해서는 더더욱 큰 의미를 갖는다. 등자란 말을 탄 사람이 발을 얹을 수 있는 도구다. 말하자면 말 탄 사람을 위한 발걸이다. 주로 쇠로 되어 있고 안장에 달려 있어서 한쪽에 하나씩 늘어뜨린다. 별로 대단치 않은 것 같은 이 단순하고, 작은 쇠붙이가 어째서 세계사적인 영향력을 갖는다는 것일까? 지금부터 그 이야기를 해 보자.

등자는 무엇에 쓰는가? 우선 말에 올라갈 때 도움이 된다. 말이

등자를 이용하면 말 위에서 두 손을 자유롭게 쓸 수 있으므로 기병의 위력이 배가되었다.

세상을 바꾼 동물

높기 때문에 사람이 말 등에 올라타려면 무엇인가를 디뎌야 하므로 등자가 없을 때는 애를 먹었다. '상마석'이라고 하는 돌을 그러한 목적으로 박아 두기도 했지만 등자가 생기면서 별로 필요 없게 되었다. 등자는 이처럼 안장에 오를 때도 편리하지만 그보다는 말에 타고 있을 때 더 쓸모 있었다. 등자에 발을 디디면 말에 탄 사람이 안정적인 자세를 취할 수 있기 때문이다. 등자가 생기기 전에는 말에서 떨어지지 않으려면 양쪽 무릎에 힘을 주는 방법밖에 없었다. 등자 덕분에 사람들은 더욱 쉽게 말을 타고 기마술을 터득할 수 있었다. 아주 뛰어난 기마 민족이었던 흉노의 유물에 등자가 발견되지 않는다는 점은 주목할 만하다. 상식적으로 등자는 말과 관련된 도구이므로 늘상 말을 타는 기마 민족들이 개발하고 많이 썼을 거라고 생각하는 게 당연하다. 그러나 정작 그들은 등자가 없이도 말에서 떨어지지 않고 노련하게 말을 달릴 수 있었다. 등자는 오히려 말을 별로 타지 않았고 기마술도 축적되지 않았던 민족들에게 더 고마운 발명품이었다.

등자는 기원전 300년쯤 중앙아시아 유목민이 처음 만들었을 것으로 짐작된다. 물론 정확하게 그 기원이 어디였는가에 대해서는 학자들의 의견 차가 있다. 서양 중세사 전문가로 알려진 진 화이트 주니어는 자신의 책『중세의 기술과 사회변화』에서 등자의 기원을 기원전 2세기 말 인도라고 밝혔다. 그는 안장을 얹을 때 말의 배를 둘러 끈을 매는 '뱃대끈'에서 등자가 파생된 것으로 본다. 인도인들은 이것을 가르츠라고 불렀다. 느슨하게 묶은 뱃대끈 뒤에 발을 걸치다가 나중에 아주 작은 등자가 생겨났다. 인도에서 처음 생긴 이 등자는 아주 작아서 엄지발가락만 걸칠 수 있었다. 인도는 더운 나라라 신발을 신지 않고 말을 탔기 때문에 이런 조그만 형태의 등자가 가능했다. 그래서 북쪽 추운 지방까지 전파되지 못했다. 비슷한 시기에 파키스탄과 아프가니스탄에 살던 사람들도 비슷한 등자를 개발하려고 노력했다. 쿠샨 왕조의 유물들이 그것을 보여 준다. 하지만 이들이 만든 갈고리 형태의 등자는 그리 효율적이지 못했다. 갈고리 모양은 발을 걸기에는 좋았지만 말에서 떨어졌을 때 발이 잘 빠지지 않아 기수가 말에 끌려 다닐 위험이 있었다. 더 큰 사고를 부를 수도 있는 것이다. 지금 쓰는 것과 같은 형태의 등자는 5세기 전후 중국에서 쓰기 시작해서 이후 한반도와 일본까지 전파된다. 또한 중앙아시아의 대초원을 거쳐 최종적으로 8세기 무렵 서유럽에 알려졌다.

일단 등자가 생기자 사람들은 말과 밀착되어 좀더 안정감 있게, 기동성 있게 움직일 수 있었다. 등자 덕분에 양손으로 고삐를 그러쥐거나 말갈기를 붙잡고 있을 필요가 없게 되었다. 손이 자유로워진 것은 또 한 가지 이점이었다. 등자의 위력은 전쟁터에서 가장 크게 발휘되었다. 기수는 말에 탄 채로 자유롭게 칼을 쓰고, 정확하게 조준해서 활을 쏠 수도 있었다. 중세의 기사들은 그중에서도 창을 선택했다. 보병들도 창을 썼지만 그 위력은 기병의 창에 비하면 미약했다. 그도 그럴 것이 말에 탄 사람이 긴 창을 옆구리에 끼고 기수의

기사에게는 전쟁터에서의 기술뿐만 아니라 사회적인 책임감도 요구되었으므로, 귀족으로 태어
났다고 해도 일정한 수업을 거쳐야 기사 서임을 받을 수 있었다.

몸무게에 돌진하는 말의 무게까지 실어 적진을 부수고 들어가면 보
병으로는 마주 상대하기가 어려웠다. 중세의 기사들은 이런 식으로
한쪽 손에 방패를 잡고 다른 한 손으로는 창을 쥔 채 적들을 섬멸했

다. 기사들은 점점 더 긴 창을 선호했고 살상력을 높이기 위해 주로 얼굴이나 가슴을 겨누었다.

전쟁에서 살상력이 높은 무기가 개발되면 이에 대응하여 방어하는 무기와 장비도 발전하는 법. 등자 덕분에 전쟁의 공격력이 높아지자 기사들은 적의 창으로부터 자신을 지키기 위해 두꺼운 가죽이나 금속으로 갑옷을 만들어 입었다. 초기에는 조그만 금속 고리를 무수히 엮은 사슬갑옷을 입었다. 그러나 사슬갑옷 정도로는 돌진하는 장창이나 적이 휘두르는 곤봉을 막을 수 없었다. 그래서 나중에는 철판을 두른 갑옷이 기사들의 필수품이 된다. 중세를 다룬 영화나 드라마에서 흔히 볼 수 있는 기사의 갑옷이다. 기사들은 상대적으로 취약한 얼굴과 목을 보호하기 위해 철제 투구까지 썼기 때문에 머리부터 발끝까지 철거덕거리는 깡통 로봇 같았다. 완전히 무장을 한 기사들은 그 무게가 엄청 났다. 따라서 기사를 태운 말은 더욱 크고 튼튼해야만 했다. 심지어 말에도 쇠로 된 갑옷과 보호대를 착용했기 때문에 말은 200킬로그램 가까운 무게를 감당해야 했다. 그래서 유럽인들은 중앙아시아인들이 개량한 말보다 더 큰 종을 만들어 군마로 썼다. 따지고 보면 말들이 시급처럼 체격이 커진 것은 중세시대 기사 계급의 필요에 의해서였다.

기사는 이동할 때는 군마를 타지 않았다. 군마는 오로지 전쟁터에서만 사용했다. 값비싼 군마가 짐을 나르거나 긴 여행에 지쳐서 막상 전쟁터에서 제대로 달리지 못하면 큰일이므로, 기사들은 이동할 때 군마 대신 팔프레이라는 승용마를 탔다. 기사는 이걸 타고 다음 전쟁터까지 갔다가 거기서 군마로 갈아탔다. 그 외에도 기사들은 역마라고 불리는 짐 싣는 말을 최소한 한 마리 이상 거느렸다. 전쟁은 대부분 근거리가 아닌 장거리 여행이었으므로 기사가 가지고 가야 할 개인 물품과 장비도 만만치 않았던 것이다. 그리고 최소 한 명 이상의 시종을 거느렸는데, 물론 시종도 자기가 탈 말 한 마리는 데리고 다녔다. 이상은 기사의 최소 단위고, 여기에 궁사와 추가 시종 등을 거느리는 사람은 보다 많은 말이 필요했다. 물론 이렇게 하자면 돈이 많이 든다. 잘 훈련된 군마를 사는 데에는 어마어마한 비용이 들었다. 이런 비용을 감당할 수 있는 사람은 아주 소수에 불과했다. 따라서 왕이나 영주들은 이에 대한 대가로 기사에게 작위와 영지를 주었다. 전쟁 수행 능력과 이에 대한 대가, 이러한 사회적 조건을 바탕으로 중세 기사 계급이 형성되었고 이는 중세를 규정하는 가장 큰 특징인 봉건제의 토대가 된다.

안전을 위해 자유를 포기한 중세 봉건제 사회

봉건제 사회는 세 개의 계급으로 나뉘었다. 귀족과 기사, 그리고 소작농이다. 그 외 계층으로 성직자와 법률가, 상인 등의 중산층이 있었지만 이들은 상대적으로 수가 적었다. 중세 인구의 대다수는 소작농이었다. 귀족들은 자신의 성과 영지를 지키기 위해 기사를 임명하고 기사는 영주에게 충성을 바친다. 기사의 주된 임무는 영주를 위해 전쟁을 수행하는 것이다. 기사는 전쟁터에 나가기에 바쁘므로 영주에게 받은 땅에서 농사를 지을 시간이 없었다. 농사를 짓는 사람들이 바로 소작농이었다. 소작농은 자유와 사유재산을 포기하는 대신 기사의 보호를 받았다. 전쟁이 많은 시대였으므로 무력을 가진 자의 그늘에 숨을 수 있는 것은 자유만큼이나 중요했다. 본래 소작농의 개념은 땅 주인에게 일정한 소작료를 내고 농사를 짓는 농부를 가리킨다. 그러나 중세의 소작농은 대부분 농노에 가까웠다. 농노는 신체와 인권이 구속되는 노예와는 거리가 있지만 농노의 생활을 들여다보면 거의 노예와 다를 바가 없었다. 일년 내내 노동을 해도 정작 그들에게 돌아오는 식량은 간신히 배고픔을 면할 정도밖에는 되지 않았다. 재산을 늘리는 것은 꿈도 꿀 수 없었고 신분 상승의 길도 없었다. 영주의 허락 없이는 이사나 결혼도 할 수 없었다.

농부들의 삶은 고되었지만 중세 초기 농업 생산량은 꾸준히 늘었다. 유럽의 기후가 농사를 짓기에 적합했던 것이다. 식량 공급이 안정되자 인구도 서서히 늘었다. 농업 생산량이 늘어난 데에는 기후 외의 몇 가지 변수가 있다. 땅을 세 구역으로 나누어 서로 다른 작물을 시기별로 경작하는 '삼포제' 덕분에 땅심이 높아진 것도 한 가지 원인이다.

또 하나의 계기는 '무거운 쟁기'의 출현이다. 유럽에서 농사는 따뜻한 남부에서 먼저 시작되었다. 유럽 남부는 기후가 건조하고 토양이 질척거리지 않는다. 땅을 긁는 형태의 단순한 쟁기만 있으면 쉽게 땅을 갈 수 있었다. 남부의 쟁기는 대개 소에 매어서 썼다. 반면 유럽 북부의 흙은 습기를 많이 머금고 무거워서 긁는 쟁기를 쓸 수 없었다. 북부의 토양에 맞게 개발된 무거운 쟁기를 이용하면 땅을 두껍게 떠서 뒤집을 수 있었다. 이걸 끌려면 훨씬 힘이 좋은 동물이 필요했는데 전쟁에 나갔던 군마가 적합했다. 그러나 말을 쟁기와 연결해서 쓰기 위해서는 한 가지 문제를 해결해야 했다. 그때까지 말을 쟁기질에 쓰지 않은 근본적인 이유는 말에 씌울 적절한 마구가 없었기 때문이다. 말의 목둘레에 칼라를 걸고 끌게 했지만 그러면 말의 성대와 목의 동맥이 눌린다. 그러다 보면 말이 제대로 숨을 쉴 수 없어 일을 할 수 없었다. 그러다가 서기 1000년 쯤에 말 목에 두르는 마구가 발명되었다. 이것은 말의 어깨에 두르게 되어 있어서 목을 압박하지 않는다. 그래도 무거운 쟁기를 끄는 데는 한 마리로 부족했다. 적어도 말이 서너 마리는 있어야 했다.

　북유럽의 토양은 말의 발굽에도 영향을 주었다. 남부 유럽의 말들은 괜찮았기 때문에 발굽에 따로 무엇을 달 필요가 없었지만 습하고 질척거리는 북유럽의 흙은 달랐다. 말발굽을 무르고 닳게 만들었다. 그래서 사람들은 처음에 가죽이나 쇠판으로 된 샌달 같은 것을 신겨 주었다. 그러다가 말발굽이 통증을 느끼지 않는다는 것을 알고 아예 발굽에 직접 징을 박았다. 새로 나온 목둘레를 하고 발굽에 징을 박은 말은 황소보다 훨씬 쟁기질을 잘했다. 땅의 생산량은 높아지고 말이 좋아하는 먹이인 귀리 재배도 늘어났다. 휴경하는 땅에서 자라는 잡풀은 소나 말을 먹이고, 그 땅에 다시 가축의 똥을 거름으로 주었다. 쟁기와 마구 개발은 농사에 말의 힘을 적극 이용하는 계기를 마련했고 중세 봉건제 사회는 식량 생산을 늘릴 수 있었다. 이 때문에 인구도 안정적으로 늘어갔다. 하지만 중세 봉건제는 의외의 곳에서 드러난 취약점으로 인해, 마치 나비효과처럼 전혀 관련이 없는 것처럼 보이는 것들의 영향으로 결국 무너지게 된다. 아시아에서 전해진 화약과 쥐벼룩, 이 두 가지가 견고한 중세의 성벽을 일격에 허물어 버렸다.

쥐와 벼룩이 옮긴 병

●● 『벅스 라이프』, 『토이 스토리』 등으로 컴퓨터그래픽 애니메이션의 새로운 장을 연 제작사 픽사의 작품 가운데 『라따뚜이』가 있다. 제목 '라따뚜이' 는 우리에게 다소 생경한 프랑스 요리에서 따온 것으로, 여러 가지 채소를 넣어 만든 스튜의 일종이다. 이 재기발랄한 애니메이션에는 '레미' 라는 쥐가 요리사를 꿈꾸는 주인공으로 나온다. 쥐들의 후각은 물론 인간보다 탁월하지만, 레미는 그 쥐들 가운데에서도 후각이 특히 발달하였고 미각 또한 뛰어났다. 다른 쥐들이 배만 불릴 수 있다면 쓰레기라도 가리지 않는 반면 레미는 인간들의 고도로 발달한 음식 문화를 동경한다. 요리에 대한 천부적인 재능을 지녔지만 인간이 아니기 때문에 직접 요리할 수 없는 기구한 운명인 셈이다.

여러 가지 사건이 거듭되면서 레미는 자신이 우상으로 생각하는

최고의 요리사 구스토의 레스토랑 주방에 들어간다. 구스토는 이미
죽고 없었지만 그 가게는 아직도 파리에서 손꼽히는 일류 레스토랑
이다. 레미는 쥐이므로 직접 요리를 할 수 없었지만, 착하지만 어리
벙벙한 젊은이 링귀니의 손을 빌어 요리에 대한 열정을 불태운다.
그리고 마침내 '쥐'라는 한계를 넘어 당당하게 실력으로 인정받는
다. 어리숙한 링귀니 역시 자신이 진정으로 원하는 것을 얻고 홀로
설 수 있는 어른이 된다. 인간과 생쥐 모두가 행복한 결말이다. 어린
이부터 어른까지 이 작품을 재미나게 볼 수 있는 것은 매끄럽고 흡입
력 있는 스토리가 받쳐 주기 때문이다. 불결함과 비위생의 대명사인
쥐가 요리를 하고 싶어 한다는 설정도 스토리의 중요한 요소다.

그러나 냉정하게 말하자면 그건 어디까지나 만화영화 속 이야기
이다. 쥐가 한 요리를 먹는다고? 그것은 시궁창 물로 국을 끓이겠다
는 말만큼이나 끔찍하게 들린다. 아니, 깨끗하고 위생적이어야 할
주방에 쥐가 나타났다는 사실만으로도 이미 우리는 입맛을 싹 잃고
말거다. 인간에게 쥐란, 온갖 세균을 묻히고 다니는 동물, 쓰레기를
파헤치는 지저분한 동물일 뿐이다.

사람의 손길이
미치지 않는 곳에
쥐가 있다

실제로 쥐는 살모넬라증과 같은 식중독부터 쯔쯔가무시병, 한탄바이러스, 렙토스피라증 등 여러 가지 병을 옮긴다. 야외에서 맨발로 돌아다니다가 쥐의 똥에 닿거나 직접 쥐를 만져서 균이 옮을 수도 있고, 흔하지 않지만 쥐에게 물려서 직접 감염되기도 한다. 한편 감염된 쥐의 피를 빨아먹은 벼룩이 사람에게 옮겨 붙어서 피를 빨아 균이 몸속으로 들어오기도 한다. 또한 쥐는 인간의 식량을 노린다. 우리가 버리는 음식물 쓰레기만 쥐의 먹이가 아니다. 창고에 쌓아 둔 곡식을 먹고, 농작물까지 갉아 먹는다. 사람 먹을 것도 부족했던 시절이니 쌀을 훔쳐 먹는 쥐가 얼마나 미움을 샀을지 쉽게 짐작할 수 있다. 농가에서 키우는 고양이의 임무는 쥐를 잘 잡는 것이었다. 사람 몰래 곳간을 털어가는 쥐를 많이 잡으면 잡을수록 고양이는 주인에게 사랑 받았다. 고양이가 없으면 지하실, 창고에 쥐덫이며 쥐잡이 끈끈이 같은 것이라도 꼭 두었다. 1970년대만 해도 우리나라에는 '쥐 잡는 날' 운동이 있어서 전 국민이 이 행사에 참여해야 했다. 초등학생들은 쥐를 잡았다는 증거로 쥐꼬리를 잘라가서 선생님에게 검사를 받기도 했다. 하지만 쥐를 박멸하려는 사람들을 비웃듯이 쥐는 놀라운 번식력을 자랑한다. 암수 한 쌍만 있으면 1년 뒤에는

1,000마리 이상으로 불어날 정도이다. 태어난 지 2~3개월이면 교미를 할 수 있고 임신 기간은 22일 정도인데 한배에 대여섯 마리 이상 낳는다. 새끼를 낳고 다음 날이면 또 교미를 하고 임신을 할 수 있으니 가능한 이야기다.

쥐는 번식력도 뛰어나지만 생활력 또한 놀랍다. 남극 일부 등을 제외한 전 세계 거의 모든 지역에 살고 있다. 1,800종에 이르는 다양한 종류의 쥐들이 이글거리는 사막에 땅굴을 파고, 혹은 나무 위에서, 산속에서 다양한 환경에 맞추어 산다. 그중에서도 집쥐는 오랜 시간 동안 인간 주변에서 먹을거리와 잠자리를 해결하며 살아왔고 인간 곁에서 생활하는 방향으로 진화했다. 뉴욕이나 서울처럼 극도로 도시화된 현대적인 환경에서도 그들은 살아남았다. 아무리 번듯하고 세련된 호텔이나 식당도 쥐들한테는 난공불락의 성이 아니다. 아니, 오히려 쥐들은 인간처럼 도시를 즐길지도 모른다. 아파트나 큰 빌딩처럼 사람이 밀집해서 사는 곳일수록 음식물이 풍부하다. 쥐들은 꼭 부엌이나 냉장고가 아니더라도 쉽게 먹을 것을 구할 수 있다. 쓰레기통에도 음식물 쓰레기가 넘쳐나니까. 벽과 벽, 층과 층 사이와 같이 눈에 잘 띄지 않고 사람의 손길이 잘 미치지 않는 곳, 하지만 분명히 존재하는 그 빈틈에는 어김없이 쥐들이 산다. 때문에 해충, 쥐 박멸 업체들의 고객은 대부분 도시 거주민들이다.

사람의 생활 근거지에 더불어 사는, 흔히 집쥐라고 불리는 쥐는 생쥐, 시궁쥐, 곰쥐 등이다. 이중 곰쥐는 서양 중세사에서 주목할 동

세상을 바꾼 동물

물이다. 이들이 주목 받는 이유는 바로 곰쥐와 벼룩이 흑사병의 매개체로 알려져 있기 때문이다. 흑사병의 원인균은 예르시니아 페스티스라는 막대 모양의 박테리아다. 이 균은 원래 야생 설치류들 사이에서만 전염되었다. 아시아 스텝 기후 지역에서 땅굴을 파고 사는 마못이라든가 미국 서부의 프레리독 등 다람쥐 비슷하게 생긴 조그만 포유동물을 떠올리면 된다. 이런 상태에서는 예르시니아 페스티스는 그다지 치명적이지 않다. 사람의 몸으로 숙주를 갈아탈 일도 거의 없다. 하지만 사람들이 바깥에서 야영을 한다든가 사냥을 하다가 이들 동물을 만지면 균이 옮을 가능성이 있다. 또는, 그 작은 동물의 몸에 살던 벼룩이 뛰어 올라 사람에게 갈 수도 있다. 감염된 설치류의 피를 먹은 벼룩이 사람의 피를 빨면서 그 균을 옮기게 되는 것이다. 이 경우 감염된 사람은 적절한 치료를 받지 못하면 죽게 된다. 하지만 이 단계까지는 그래도 어느 정도 안심할 수 있다. 환자 한 사람의 죽음일 뿐 대규모의 전염병으로 이어지지 않기 때문이다.

그런데 어떤 환경이나 상황 조건이 충족되면 이 바이러스는 무섭게 폭주를 시작한다. 그것이 흑사병이다. 그 시작은 아마도 이러할 것이다. 야생 설치류 사이에서만 머물던 예르시니아 페스티스는 벼룩을 통해서든지 아니면 어떤 다른 방법을 통해서든 곰쥐에게 옮겨갔다. 앞서 말했듯이 곰쥐는 사람 가까이에 사는 집쥐다. 중세 시대에 대부분의 가난한 사람들이 살던 집은 지금과 달리 나무로 되어 있었고 지붕은 짚으로 덮은 정도였다. 벽이나 문도 당연히 허술했다.

쥐들은 사람들이 사는 방을 제집 드나들 듯이 했다. 게다가 당시의 집은 방이 칸칸으로 나뉜 게 아니어서 온 가족이 함께 썼고, 심지어 비가 오는 날이면 집에서 키우던 소, 염소, 개들을 들여서 함께 지내기도 했다. 중세 시대를 상상하기 위해 몇 가지 덧붙이자면, 지금 우리가 쓰는 화장실 시설도 없었다. 요강 같은 데 일을 보고 나서는 똥오줌을 그냥 창밖으로 버렸다. 쓰레기를 처리한다는 것도 그냥 집밖으로만 내놓을 뿐이었다. 그러니 사람들이 다니는 거리는 그야말로 더러운 오물 투성이였고 지독한 냄새가 진동했다. 하지만 달리 처리할 방법을 몰랐기 때문에 사람들은 오물을 피해 다니는 게 당연하다고 생각했다. 위생 관념은 아직 싹트지 않았다. 적어도 비누로 손을 씻는 습관만 있었어도 흑사병은 그렇게 무섭게 날뛰지 않았을 것이다.

다시 쥐와 벼룩 이야기로 돌아가자. 예르시니아 페스티스에 감염된 쥐가 죽으면 그 쥐에 살던 벼룩은 살아 있는 다른 쥐를 찾아간다. 그 쥐가 죽으면 또 다른 쥐에게 병을 옮긴다. 이런 식으로 단 몇 마리의 벼룩이 쥐 집단을 전멸 시킨다. 일단 병에 걸리면 증상이 나타나고 금세 죽기 때문에 쥐들이 번식하는 속도보다 죽는 속도가 빨랐다. 죽은 쥐에서 눈을 돌려 이번에는 벼룩을 살펴보자. 현미경의 비율을 높여 감염된 벼룩을 들여다본다면 벼룩의 몸속에도 예르시니아 페스티스가 보일 것이다. 벼룩이 쥐의 피를 빨면서 바이러스도 함께 딸려 온 것이다. 그런데 특히 오리엔탈 쥐벼룩의 경우에는 이 바이러스가 핏속에서 응어리진다. 그래서 벼룩의 소화기관 일부를 막아 버린다. 그러면 아무리 피를 빨아도 벼룩의 몸에는 피, 그리고 흡수된 영양이 충분히 돌지 못한다. 그러면 벼룩

대부분의 역사학자들은 선페스트를 유발하는 박테리아가 곰쥐에 기생하는 벼룩을 통해 중앙아시아에서 유럽으로 배를 타고 건너왔다고 믿는다.

은 더욱 배고픔을 느끼고 더 많이, 더 자주 숙주를 옮겨다니며 피를 빨아먹는다. 그리하여 감염되는 쥐가 급격하게 늘어난다. 이런 식으로 쥐들을 몰살하면 벼룩은 더 이상 쥐에게 기생하지 않고 다른 동물을 찾아나서는데 그것이 인간이 되지 말라는 법은 없다. 14세기에 흑사병은 이런 식으로 쥐에서 벼룩을 거쳐 인간을 덮쳤다.

중세 사회를 뒤흔든 흑사병

흑사병은 전염성이 높고, 무엇보다도 사망률이 높았기에 중세 사람들을 공포에 몰아넣었다. 1347년에 퍼지기 시작한 대역병은 전 유럽 인구 1/3의 목숨을 앗아갔다. 불과 4년 만에 일어난 일이다. 지금까

지 어떤 자연재해나, 전쟁, 재앙도 이렇게 많은 사람을 죽이지는 않았다. 당시 사람들이 얼마나 큰 공포를 느꼈을지 알 수 있다. 사실 1337년에 창궐한 흑사병이 처음은 아니었다. 성서나 다른 역사 문서에는 이와 유사한 전염병이 유행했다는 기록이 있다. 예를 들면 헤브르 성서 사무엘 5장 6절에는 기원전 11세기 후반 팔레스타인 지방에 "비밀스런 곳이 부풀어 오르는" 전염병이 창궐했다고 되어 있다. 사타구니, 겨드랑이 등의 림프절이 고통스럽게 부풀어오르는 흑사병의 증상과 정확히 일치한다. "쥐들이 떼죽음을 당하고 수많은 사람들을 죽게 만든 역병"이라는 표현 역시 흑사병과 일치한다.

역사에 기록된 최초의 대규모 역병은 유스티아누스 황제 재위 시절인 서기 541년~542년에 발생한다. 전염병의 발원지는 중국으로 여겨지는데, 그 다음 아프리카로 갔다가 당시 동로마제국의 수도였던 콘스탄티노플까지 온다. 아마도 이집트에서 곡물을 수입하는 과정에서 쥐나 벼룩이 따라왔고 그 때문에 도시에 전염병이 퍼졌을 것이다. 곡물을 잔뜩 실은 배가 있었기에 쥐들은 몇 개월이나 살 수 있었고, 혼자라면 하루에 고작 200미터 정도나 이동했을까 말까 한 녀석들이 배를 타고 수천 킬로미터쯤은 거뜬하게 여행을 했다. 설령 쥐가 없었더라도 벼룩은 잘 씻지 않는 선원들의 옷이나 곡물을 담은 거친 포대에 달라붙어서 쥐와 마찬가지로 배에 무임승차를 했을 것이다. 전염병이 최고로 기승을 부릴 때는 콘스탄티노플에서 하루에만 1만 명이 사망했다. 전염병이 물러났을 때는 도시민의 40% 정도가 죽은 뒤였다.

그로부터 40여 년 후인 서기 588년 지중해 지역에 두 번째 역병이 창궐한다. 역병은 지금의 프랑스 지방까지 침투했다. 두 번에 걸친 전염병으로 당시 유럽 인구는 절반 수준으로 줄어들었다. 그러나 중세를 뒤흔든 '2차 창궐'은 이전의 사례와는 비교가 되지 않을 정도로 더욱 무시무시한 것이었다. 1300년대 초 전 세계적으로 보았을 때 이 허리케인과 같은 흑사병이 어디에서 시작되었는가에 대한 답은 분명치 않다. 여러 가지 가설이 있는데 그중 하나는 몽골 기마대의 유라시아 진출과 연관 짓는다. 『전염병의 세계사』를 쓴 윌리엄 H. 맥닐의 경우 흑사병의 원인균이 애초에 히말라야 산맥에 있는 인도와 버마 국경 지대나 중앙아프리카 대호수 지대에 있었을 거라고 주장한다. 진원지를 벗어난 흑사병의 균이 앞서 유스티니아누스 대제 시대에 지중해 여러 국가를 전전하지만 일단 기록상으로는 767년 사라진 것으로 보인다. 1252~1253년 몽골의 기마대가 윈난과 미얀마를 침공함으로써, 그들이 아니었으면 토착병으로 고립되었을 페스트균이 유라시아 지역까지 확장되는 계기를 만들었을 것이라는 게 윌리엄 H. 맥닐의 입장이다. 1331년 중국 "허베이성에 역병이 돌아 열에 아홉 꼴로 사람이 죽었다"는 사관의 기록까지 고려한다면 흑사병의 경로는 더욱 구체적으로 그려진다. 이후 15년에 걸쳐 이 병은 흔히 '실크로드'라고 알고 있는 대상 무역로를 따라 1346년 크림반도에 도달했다. 낙타를 타고 사막을 가로지르는 대상 무역인들,

그러니까 카라반들의 무역품 속에, 그리고 그들의 터번과 머리카락 속에 숨어 페스트균도 함께 온 것이다.

세계지도를 놓고 흑해를 찾아보자. 터키와 우크라이나 사이에 대륙이 뻥 뚫리고 웅덩이처럼 보이는 바다가 바로 흑해이다. 그리고 흑해의 북부를 찌르듯이 튀어나온 돌기, 우크라이나 남단부의 반도가 바로 크림반도이다. 흑해는 지중해 나라의 배들이 대상 무역인들을 만나는 곳이었다. 이탈리아 제노바의 상인들은 크림반도의 한 도시 카파에 거점을 세우고 대상들과 무역을 했다. 제노바 출신 상인들은 아시아에서 온 물건들을 유럽 세계에 전하는 중간 상인이었던 셈이다. 제노바 상단은 동방에서 온 물건들을 배에 싣고 고향 도시로 향했다. 유럽에 이른 전염병이 내륙 깊숙이까지 침투한 곳은 그러나 이탈리아 북부 제노바 항구가 아닌 남단의 시실리 섬이었다. 중세 흑사병 대재앙은 시실리 섬에서 총집결되었다가 확산된다.

1347년 10월 시실리의 도시 메시나에 당도한 배의 갑판과 닻줄 위로는 시커먼 쥐들이 돌아다니고 잘 보이지 않았겠지만 벼룩도 함께 날뛰었다. 그리고 벼룩은 배에 탔던 선원들과 접촉하거나 배에서 내린 물건을 나른 사람들에게로 건너갔다. 화물에 숨어 있던 쥐들도 함께 또 다른 지방으로 여행을 계속했다. 전염병은 금세 시실리 섬을 장악했다. 시실리에서 출발한 무역선은 이탈리아 서부와 아프리카 동부까지 흑사병을 날랐다. 그리고 앞서거니 뒤서거니 하며 이미 흑사병에 점령당한 콘스탄티노플, 알렉산드리아, 사이프러스 등 지

세상을 바꾼 동물

중해 지역을 거친 배들도 이탈리아로 들어왔다. 1348년 1월 흑사병은 프랑스 마르세이유에 당도했고, 같은 해 8월에는 영국에 도착했다. 다음해인 1349년에는 아일랜드와 웨일즈 지방까지 흑사병이 퍼졌고, 1350년 말에는 러시아까지 점령당한다.

일단 항구 도시에서 역병이 시작되었다 하면 금세 그 도시를 먹어 삼키고 조금 속도가 더뎌지기는 하지만 산골짜기 마을까지 들어갔다. 인구가 적은 마을은 마을 주민 전체가 몰살당하는 경우도 있어 유령 마을이 되기도 했다. 스칸디나비아에서는 한 소녀가 마을의 유일한 생존자가 되어 마을의 모든 땅과 재산을 상속 받은 예도 있다고 한다. 병에 걸렸다 하면 열이 많이 나고, 피부 아래 검은 반점이 생기며 시커멓게 썩어가며 고약한 냄새가 났는데, 흑사병黑死病이라는 이름이 붙은 것도 이 검은 점 때문이었다. 병에 걸린 자는 예외 없이 죽기 때문에 그 반점을 죽음의 예고, 즉 '하느님의 표식' 이라고 불렀다. 그밖의 특징적인 증상은 환자 겨드랑이와 사타구니의 임파선이 부풀어 오르는 것이다. 그냥 살짝 붓는 정도가 아니라 심한 경우 오렌지만큼 커진다. 환자는 고통을 견디다 못해 심지어 강에 몸을 던지거나 창문에서 뛰어내리기도 했다. 보통 한 사람만 병에 걸려도 수일 내에 가족 전체가 죽게 된다. 그러다 보니 가족들은 아픈 가족을 보살피거나 돌보지도 못한 채 외면하고 방치하기도 했다. 남편이 아내를 버리고 부모가 자식을 버리는 불행한 일들이 여기저기서 벌어졌다. 집 안과 거리에 시체가 널려 있어도 시체를 치울 사람이 없는 지경에 이르렀다. 아무리 많은 돈을 주어도 시체를 옮길 잡역부를 구할 수 없었기 때문이다. 시체가 늘어나자 이와 관련해 여러 가지 골칫거리도 생겼다. 대부분의 유럽 국가는 카톨릭이었는데 카톨릭 신자는 죽기 전 반드시 성직자에게 자신의 죄를 털어 놓고 죄사함을 받는 고해성사를 해야 한다. 죽는 사람은 셀 수 없이 많은데 성직자는 병에 걸려 점점 줄어드는 형편이었다. 보다 못해 1349년 영국 주교는, 꼭 성직자가 아니라도 죽어가는 사람의 고백을 들어줄 수 있다는 칙령을 선포했다. 성직자가 없다면 그 어떤 사내라도, 남자가 없다면 여자라도 괜찮다는 내용이었다. 또 한 가지 문제는 묘지였다. 카톨릭 신자는 축성을 받은 땅에 묻히기를 원하는데 마을의 공동묘지는 이미 꽉 찬 상태였다. 묻힌 지 얼마 안 된 자를 꺼내고 거기에 '방금 죽은 자'를 묻는 해괴한 일도 벌어졌다. 심지어 클레망 6세 교황은 론 강을 축성하고 시체를 강에 바로 던져도 좋다고 허하였다. 그 결과 강 하구에 사는 사람들은 떠내려 온 썩은 시체가 쌓이는 꼴을 보아야만 했다.

쥐와 벼룩을 통해 흑사병이 감염되는 경로는 앞서 설명했지만, 다른 형태로도 전염될 수 있다. 흑사병은 세 가지 형태로 나뉘는데, 선페스트, 폐페스트, 패혈증페스트가 그것이다. 선페스트는 주지한 바와 같이 임파선이 붓는다. 폐페스트는 균이 사람의 폐에 다다라서 병을 일으키는데 사람이 사람에게 직접 전염시킨다. 기침으로 공기 중에 균이 퍼져 전염되는 비말감염, 공기매개감염이라고 하는 방식

이다. 감염 하루 만에 사망한다는 점도 무섭다. 멀쩡하게 잠자리에
든 건강한 사람이 다음 날 아침에 일어나지 못할 정도니, 당시 사람
들은 정말로 생과 사의 경계 위에서 하루하루를 두려움에 떨며 지냈
을 것이다. 패혈증페스트도 감염되면 몇 시간 안에 죽게 된다.

　병원균이나 전염이라는 개념이 없었을 때라 왜 병에 걸리는지,
어떻게 병이 옮는 것인지 아무도 몰랐다. 의사들도 어찌해야 할지
모르기는 마찬가지였다. 당시 민중 대다수는 인간의 방탕한 생활에
대해 하느님이 역병이라는 벌을 내렸다고 믿었다. 그래서 전에 없이
경건하고 독실한 신자로 탈바꿈하는 자들이 많았다. 교회와 성직자
들에게 재산 전부를 기부하는 사람도 늘었다. 하지만 이 역시 별 효
험이 없었다. 성직자들도 속수무책으로 죽어가는 마당이었다.

　신앙에 기대어 한 줄기 희망의 끈이라도 붙잡는 사람들도 있었지
만, 정반대로 방탕하고 타락하여 쾌락을 추구하는 사람들도 있었다.
세상의 종말이 왔다면서 이승에서 누릴 수 있는 모든 것을 누려 보려
는 자들이었다. 죽어가는 사람, 혹은 이미 죽은 사람의 물건을 훔치
거나 강탈하기도 하고 성적으로 문란한 생활을 하기도 했다. 하지만
이들도 백이면 백 다 죽었다. 환자, 시체를 만지거나 가까이 가는 것
만으로도 병이 옮았기 때문이다. 벼룩이나 쥐가 병을 옮길 수 있다
는 것은 꿈에도 생각하지 못했다. 병에 걸린 사람을 쳐다보기만 해
도 병이 옮는다고 믿는 사람들도 있었다.

　어떤 의사는 좋은 향내로 병을 쫓을 수 있다고 생각하여 허브, 향

신료, 식초를 처방하기도 했다. 의사는 환자를 방문할 때 손에는 장갑을 끼고, 몸에는 머리부터 발끝까지 다 가리는 긴 옷을 입었다. 이때 옷감을 식초에 푹 적시는 것도 잊지 않았다. 그것이 병균을 막아주는 처리법이라고 믿었다. 챙이 큰 모자를 쓰고 새 부리처럼 생긴 마스크로는 얼굴을 다 가렸다. 뾰족한 마스크 안쪽에는 예의 향신료와 약초가 담겨 있어서 코를 통해 들어오는 균을 막을 수 있다고 믿었다. 또 어떤 의사는 부푼 임파선에 약초를 올려놓고 열이 내리고 작아지면 병이 낫는다는 식의 처방을 했고, 아주 고약한 냄새를 피워서 균을 쫓으려고도 했다. 하지만 그 어떤 것도 이렇다 할 효과는 없었다. 성직자와 마찬가지로 의사들도 병에 걸렸기 때문이다.

이 모든 재앙이 하느님이 내린 벌이라고 해도 교회는 그것을 사람들에게 경고하지 못했다. 사람들은 점차 교회에 대한 신뢰를 잃었다. 기도를 열심히 해도, 헌금을 내고 대대로 물려받은 유산을 다 헌납해도 상황은 나아지지 않았다. 교회에 대한 사람들에 태도가 달라지고 몇 가지 부정부패 사건이 폭로되면서 교회는 자정, 혁신을 위해서 노력하게 된다. 그리하여 1500년대에 프로테스탄트 개혁 운동이 일어난다. 그러나 민중들은 중세 시대와 같이 맹목적으로 교회와 성직자를 따르지 않게 되었다. 사람들 스스로 종교를 선택할 수 있게 되었고, 심지어 종교를 갖지 않는 사람도 생겨나기 시작한다. 도망칠 수 없는 현실을 힘없고 항변할 수 없는 자들의 탓으로 돌리는 사람도 있었다. 기독교가 대다수인 유럽 나라, 특히 스위스와 독일

흑사병으로부터 자신을 보호하기 위해 의사들은 밀랍을 입힌 린넨 옷, 가장자리가 넓은 모자, 장갑, 유리 렌즈가 달린 마스크, 초에 적신 옷감과 향신료로 가득 채운 긴 부리 등 특별한 복장을 했다.

에서 유대인 박해가 시작되었다. 유대인들이 우물에 독을 탔다는 둥, 환자의 고름을 짜내어 기독교인들의 집에 바르고 다닌다는 둥 헛소문이 퍼졌다. 칠롱, 바젤, 베른, 프라이부르크 등에서 유대인들을 대상으로 한 고문과 학대가 일어났다.

흑사병은 1347년 유럽에서 시작되었지만 사라졌다 나타났다를 반복하며 거의 300년 이상 지속되었다. 마치 산불이 일대를 다 태우고 더 이상 태울 것이 없어서 사라진 것처럼 보이지만, 어딘가 남아 있던 작은 불씨가 또 다시 살아나듯이 말이다. 그러나 다행히도 불씨 수준의 역병은 앞서 난 큰불보다 크지 않았다. 흑사병이라는 이 끈질기고 지겨운 전염병은 결과적으로 중세가 막을 내리고 근대 사회로 넘어가는 방아쇠 역할을 했다.

인구 감소로
노동력이 토지보다
중요해지다

중세를 떠받친 봉건제는 이미 수백 년간 이어져 오는 사이 서서히 무너지고 있었다. 기술적 요인으로는 새로운 무기가 등장한 것을 들수 있다. 전쟁 무기인 석궁은 900년대에 쓰이기 시작했는데 그 위력이 기사들의 철판 갑옷도 뚫을 정도였다. 전장에서 말 탄 기사는 더 이상 예전만큼 강력하지 않은 존재가 되었다. 또한 900년경 중국에서 발명된 화약은 1200년대에 와서야 유럽에 도입되었는데, 전쟁에 쓰인 것은 그보다 훨씬 뒤이지만 이 역시도 전투에서 기사들의 중요성이 감소하는 이유가 된다. 새로운 무기가 도입되고 전투의 방식이 달라지면서 기사들의 지위가 하락하고, 이는 중세의 계급 위계를 흔들어 놓았다.

봉건제는 소작농의 생산력에 기사와 귀족, 성직자 등의 계층이 기대어 사는 구조였다. 그러던 것이 흑사병이 돌아 인구수가 2/3로 줄어들면서 노동력의 가치가 높아졌다. 비록 가난하고 천한 신분이지만 역병을 거치고 살아남은 건강한 남자와 여자들은 굳이 전처럼 주인에게 얽매여 노예처럼 살려 하지 않았다. 일할 사람이 워낙 없기에 몸값은 높아지고, 언제든 보수를 더 주는 곳으로 일자리를 옮길 수 있었다. 이사도 결혼도 마음대로 할 수 없었던 소작농들이 이제는 직업을 선택할 자유를 얻었다. 좀더 기회를 잡고 싶은 사람이라면 도시에 가서 기술을 배울 수도 있었다. 그리하여 14세기 후반에 이르면 소작농은 아무 때나 영지를 떠날 수 있게 된다.

땅을 가진 영주들의 생각도 달라졌다. 예전에는 땅이 많으면 농노들을 시켜서 땅을 일구고 거둔 것을 자기가 가지면 되었다. 그러나 이제는 당장 농사를 지을 일꾼도 부족했다. 그렇다고 땅을 놀리면 손해다. 그래서 돈을 받고 땅을 빌려 주게 된다. 땅 사용에 대한 임대료를 받는 것이다. 농사를 포기하고 아예 양이나 소를 방목하는 목축업을 고려하는 사람도 늘었다. 농사에 비해 목축은 노동력도 적게 들었다. 결국 1500년경 유럽, 특히 서유럽에서는 봉토를 기반으로 하는 봉건제가 사라지게 된다.

이러한 인구 감소는 자연스럽게 기술의 발달을 불러왔다. 노동 시간과 노동력을 줄일 수 있는 장치가 개발되었다. 구텐베르크가 발명한 활자 인쇄기는 인쇄업에서 노동력을 절감했을 뿐만 아니라, 지식을 저렴하고 빠르게 유럽 전체로 퍼뜨리는 데 커다란 기여를 했다. 호되게 역병을 겪은 뒤에 질병에 대한 연구도 활발히 진행되었다. 공공병원의 필요성과 기능을 절감한 사람들은 공중위생을 조금씩 개선하며 병원의 체계를 고민하기 시작했다. 그리고 이러한 사회 분위기 속에서 학문의 퇴보를 만회하기라도 하려는 듯 유럽 곳곳에 새로운 대학들이 속속 설립되었다.

바야흐로 오랜 봉건제가 무너지고 새로운 시대가 열리려 하고 있었다. 그러나 당시 사람들은 그것이 쥐와 벼룩, 그리고 눈에 보이지 않을 만큼 작은 미생물 때문이라는 것은 꿈에도 생각하지 못했다.

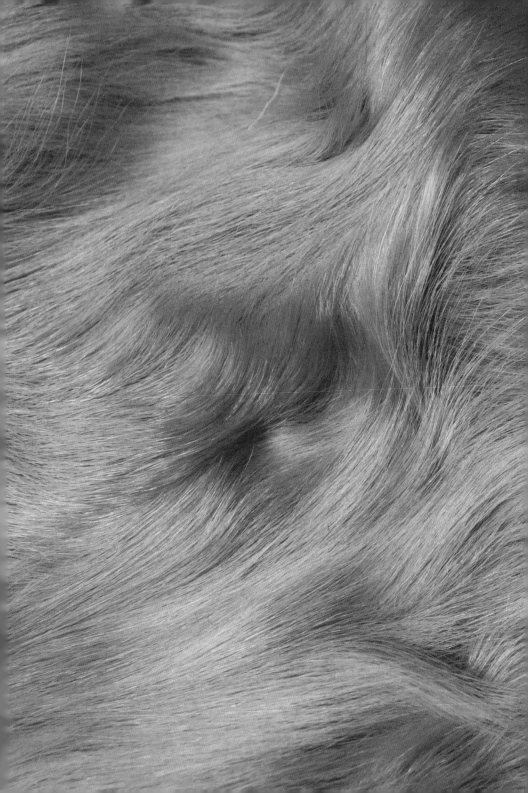

산업화에 이용되다
― 근대

chapter **4**

비버 전쟁

••   요즘도 가끔 국제 뉴스에는 '모피 반대 나체 시위' 소식이 등장한다. 동물 보호를 주장하는 활동가들이 '모피를 입느니 차라리 벗겠다' 라는 구호를 내세우며 나체 시위를 벌이는 것이다. 아시아의 정서상 나체 시위가 그리 쉬운 일은 아니어서 언론에서는 시위자들이 홀딱 벗었다는 사실만을 선정적으로 부각시키기도 한다. 그러나 동물 복지에 대한 인식이 조금씩 생겨나면서 우리나라에서도 모피 반대 시위를 볼 수 있게 되었다.

    사실 패션이라는 분야에서 모피는 보온이라는 기능적인 측면보다는 사치품이라는 기호로서 더 큰 의미를 갖는다. 극지방이나 한랭대에 사는 사람들은 그곳에 사는 동물 가죽과 털을 이용해서 옷을 지어 입었다. 그들에게 모피는 생존에 없어서는 안 될 필수품이다. 그러나 다른 기후대에서는 모피가 일상적인 의류는 아니다. 게다가 현

세상을 바꾼 동물

대사회는 집이며 공공기관이며 어디를 가나 난방이 잘 되어 있기 때문에 굳이 무거운 털 코트를 고집할 필요가 없다. 입었을 때는 따스하고 포근하지만 실내에 들어오는 순간 털 코트는 짐스럽고 귀찮은 애물단지가 된다. 무겁고 부피가 크다 보니 옷걸이나 장롱에서 걸어놓을 때도 자리를 많이 차지한다. 또 천연원료로 만들어서 곰팡이나 세균, 벌레의 공격에도 약해서 보관이나 관리도 까다롭다. 섬유 산업도 발달한 마당에 모피를 대체할 수 있는 화학섬유도 다양하게 개발되었다. 그런데도 모피가 여전히 값비싸게 팔리고 있는 건 왜일까?

서양 역사만 보더라도 중세 시대에는 모피가 부와 계급의 상징이었다. 마치 현대인들이 명품 가방, 의류에 열광하는 것처럼 중세 사람들은 모피를 신분을 나타내는 상징적인 의미로 소비했다. 그 소비량이 워낙 많아서 모피 착용에 관한 법률이 있었을 정도다. 높은 계층의 사람들은 낮은 계급의 사람들이 자기들과 똑같은 모피를 입는 것이 불쾌했던 것이다. 하지만 타고난 계급은 낮을지 모르지만 변화하는 시대의 흐름을 타고 부를 축적할 수 있었던 상인, 법률가, 의사들은 여전히 모피와 귀금속을 선호했다. 옷을 잘 입고 세련되게 꾸밀수록 더 부유하고 능력 있게 보였기 때문이기도 하지만, 넓은 봉토를 가진 것이 곧 부의 상징이 되었던 봉건제가 무너지면서 돈이나 현물로 재산을 모으는 것이 훨씬 유리했기 때문이기도 하다. 당시 명화에서 귀족이나 왕족 초상화를 살펴보면 모피 망토나 외투를 걸치고 있는 모습을 자주 볼 수 있다. 이러한 상황에서 모피 수요가 늘어나는 것은 당연한 일이었다. 하지만 급증하는 수요를 따라가기에는 공급이 충분하지 않았다.

새로운 발견과
전쟁을 부른 인간의 탐욕

모피로 쓰일 수 있는 동물로는 어떤 것이 있을까? 가장 흔하게는 가축으로 기르는 양이 있을 테고, 야생에서 사냥할 수 있는 동물로는 곰, 비버, 밍크, 붉은여우, 수달, 족제비, 친칠라, 너구리, 호랑이 등이 있다. 그중에서도 유럽비버는 중세 시대 말 모피의 인기가 높아짐에 따라 스칸디나비아반도와 유럽 일대에서 거의 사라지다시피 했다. 예전부터 비버 가죽은 추운 계절에 입을 수 있는 따뜻한 옷감으로 인기가 많았다. 그런데다가 1300년대 비버 모자를 쓰는 유행이 시작된 것이 거의 수백 년간 이어져왔던 것이다. 아주 짧게 다듬은 털이 붙어 있는 비버 가죽 모자는 중세 패션의 대히트 상품이었다. 그렇게 수백 년을 잡아들여 이제 유럽에서는 비버나 그밖의 털을 가진 동물들이 씨가 마를 지경이었다. 그러자 사냥꾼들은 사냥감을 찾아 점점 더 동쪽으로 깊숙이 들어갔다. 그들은 침엽수가 빽빽한 시베리아의 숲으로 눈을 돌렸다. 그런데 이렇게 아시아에서 모피를 구하다 보면 유럽으로 옮기는 데 시간이 걸린다. 비용이 높아지니 모피의 가격은 올라갈 수밖에 없었다. 그러나 아무리 비싸도 사람들은 모피를 갖고 싶어 했다. 모피를 비롯해서 향신료와 비단 등 멀리 아시아에서 오는 귀중한 물건들을 원하는 사람이 많아졌다. 그러나 중앙아시아를 가로지르는 대상 무역으로는 한계가 있었다. 육지의 무역로는 길도 험하고 오래 걸렸다. 바닷길을 찾을 수만 있다면 더 많은 물자를 빠르고 안전하게 유럽 시장으로 가져올 수 있을 것 같았다. 그러나 당시 사람들은 지구가 둥글다는 사실을 몰랐다. 뱃사람들조차, 지구가 평평하기 때문에 배를 타고 너무 멀리 나가면 폭포 끝 낭떠러지 마냥 배가 지구 아래로 뚝 떨어질 거라고 믿었다. 하지만 이탈리아 사람인 콜럼버스는 포부도 만만하게 지구는 둥글며, 따라서 유럽에서 계속 서쪽으로 항해를 하면 아시아의 인도에 닿을 것이라고 믿었다. 지구가 둥글다는 것까지는 좋았지만 인도에 곧장 갈 수 있다는 생각은 틀렸다. 왜냐하면 당시 사람들의 지도에는 지금 우리가 '아메리카'라고 부르는 대륙이 없었기 때문이다. 아메리카 대륙의 존재를 아는 유럽인들도 있었지만, 그들은 풍부한 어장을 독점하려는 이유에서 그 사실을 비밀로 했다. 어쨌거나 그래서 콜럼버스는 스페인의 이사벨 여왕의 후원을 받아 1492년 출범했고 '인도'가 아닌 아메리카를 발견하게 된다. 콜럼버스의 항해는 다른 나라들을 자극했다. 포르투갈, 네덜란드, 영국, 프랑스, 스페인 등 여러 나라는 선단을 구성해서 다른 나라에 뒤질세라 바닷길을 개척했고 미지의

17세기 초에 벌어진 비버 무역을 둘러싼 원주민 부족들 간의 전쟁은 북아메리카 원주민 사회를 커다란
혼란에 빠뜨려, 영국 등 외세의 침입에 취약하게 만들었다.

 세 상 을 바 꾼 동 물

땅 아메리카와 아프리카 이곳저곳에 자신들의 깃발을 꽂고 자기 나라라고 우기기 시작했다. 그러다 보니 원래 그 땅에 살던 주민들과 영토의 소유권을 놓고 충돌하게 되었고, 식민지에 대한 우선권을 두고 강대국들끼리 다투기도 했다.

이러한 충돌 가운데 '비버' 털을 둘러싼 전쟁이 있었다. 정확하게 말하자면 비버 등 모피 무역을 둘러싸고 이해가 엇갈린 부족들 간의 전쟁이었다. 17세기 북아메리카에서 벌어진 원주민 부족 간의 길고 지난한 갈등 국면은 '비버 전쟁'이라고 불린다. 비버 전쟁에 관한 기록은 프랑스 사람인 자크 카르티에와 관련이 있다. 이야기의 배경은 북아메리카 중에서도 북쪽, 지금의 캐나다에 속하는 땅이다. 스페인, 포르투갈, 영국 사람들이 북아메리카 뉴펀들랜드에 서로 식민지를 개척하려고 애쓰고 있었다. 뉴펀들랜드의 매력은 무엇보다도 물고기가 풍부했다는 점이다. 그물을 던졌다가 끌어올리기만 하면 먹기 좋은 대구가 갑판 가득 넘치니 곧 소문이 퍼져 유럽 여러 나라 어부들이 이곳에 몰려들었다. 이 소식을 접한 프랑스 왕도 뒤질세라 탐험가를 파견하여 새로운 땅을 찾아 프랑스의 영토로 만들라고 명령했다. 그렇게 해서 1534년 대서양을 가로지르는 항해를 거쳐 북아메리카에 도착한 프랑스 사람이 바로 자크 카르티에 선장이다. 그가 탐험을 하며 보고 듣고 기록한 것들을 통해 서구 세계는 북아메리카 대륙과 그곳에 사는 사람들을 알게 되었다. 탐험가들이 대부분 그렇듯 자크 카르티에는 새로운 꿈을 품고 '신대륙'에 도달했다. 왕은 그에게 이국에 프랑스 영토를 만드는 임무를 부여했지만, 그의 가슴에는 북아메리카 대륙을 가로지르는 강을 찾아서 그 강을 따라서 아시아로 곧장 갈 수 있는 뱃길을 찾겠다는 계획이 있었다. 뉴펀들랜드에 도착한 그는 섬 주변을 다니며 조사를 하고 지도를 그렸다. 그러다가 세인트로렌스 만에서 바다로 흘러 들어가는 강을 찾았다. 그 강을 거슬러 올라가면서 카르티에는 탐험을 무사히 마치기 위해 이곳 원주민들과 친하게 지내려고 노력했다. 이 부족 이름은 미크맥으로, 카르티에는 이들에게 이곳의 이름을 물었다. 부족 사람들은 카르티에가 자기들이 사는 오두막의 이름을 묻는 줄 알고 "카나타"라고 발음했다. 그들 말로 카나타는 오두막이라는 뜻이다. 카르티에는 프랑스 지도에 마을 이름을 Canada라고 적었다. 바로 여기에서 오늘날의 캐나다 국명이 비롯된다. 카르티에가 지도에 캐나다라고 적은 곳은 얼마 뒤 "Nouvelle France^{new France 새로운 프랑스}"라고 이름이 바뀐다.

카르티에는 지금의 세인트로렌스 강을 따라 계속 탐험을 했고 다른 원주민 부족인 휴론 사람들을 만난다. 카르티에는 도나코나라는 휴론족의 추장을 만났고, 추장의 두 아들을 자신의 조국 프랑스에 데리고 가기도 했다. 미크맥족도, 휴론족도 비버 털로 만든 겉옷을 입고 있었다. 카르티에는 유럽에서 가져온 물건과 비버 가죽을 맞바꾸고 싶어 했다. 이들 원주민들은 이때부터 비버나 다른 동물의 가죽이 꽤나 가치 있다는 것을 알게 된다. 유럽인들이 가진 것 가운데 뛰어나 보이는 무기인 화승총을 구할 수 있다는 점도 크게 끌렸다. 그들은 그때까지 전쟁 무기로 활이나 화살, 도끼만을 쓰고 있었는데 화승총은 그 어떤 것과도 비교할 수 없는 살상력을 자랑했다. 원주민들은 비버를 잡아서 물물교환 방식의 무역을 했는데, 이들이 화승총까지 갖추자 비버의 수가 빠른 속도로 줄었다.

북아메리카는 원래 비버들이 살기 좋은 환경을 갖추고 있었다. 비버는 늪이나 물가에 사는 포유류다. 잔잔하고 흐름이 급하지 않은 하천을 좋아한다. 비버는 이로 나무를 갉아서 쓰러뜨린 뒤 그 나무로 댐을 만든다. 이로써 작은 연못 같은 공간을 만들고 거기에 살 곳을 마련한다. 오늘날의 캐나다와 알래스카 지역은 원래 거대한 빙하로 덮여 있었다. 이 빙하는 지표면을 긁으면서 오대호라는 거대한 호수를 비롯해 수도 없이 많은 강과 연못, 하천 등을 생성했다. 전 세계 어느 곳도 이 지역처럼 물길이 조밀하게 연결된 곳은 없다. 전 세계 담수의 50%가 이곳에 있다고 할 정도다. 그리고 이곳의 육지는 온통 숲으로 덮여 있다. 빽빽한 숲의 사시나무는 비버가 특히 좋아하는 건축 재료이다. 그리고 비버는 이 나무의 수피를 벗겨서 먹기도 한다. 이 지역의 겨울은 춥기로 유명한데 그러다 보니 여기서 겨울을 나는 비버는 특히 털이 많고 윤기가 있다. 덕분에 프랑스는 비버 털이 가장 인기가 좋던 시절에 세계에서 가장 품질 좋은 비버 털을 공급 받을 수 있었다. 그러나 비버 사냥이 너무 기승을 부리자 1640년 즈음에는 허드슨 만 일대에 비버가 거의 사라지고 말았다.

비버 전쟁이라는 말은, 이처럼 유럽 사람들에게 비버 털을 파는 무역 독점권을 서로 차지하려고 여러 부족끼리 치열하게 다툰 데에서 비롯되었다. 여러 부족 가운데 특히 이로쿼이족이 강했기 때문에 이로쿼이 전쟁이라고도 한다. 이로쿼이족은 영토를 넓히기 위해 지역의 다른 부족들을 제거해 나갔다. 이로쿼이가 처음부터 프랑스나 네덜란드 등 유럽 침입자들에 맞서려고 한 것은 아니었다. 하지만 휴론, 뉴트럴, 에리, 사스케하노크족 등이 연맹을 이루거나 각자 전쟁을 하는 과정에서 프랑스의 도움을 받다 보니 결과적으로 이로쿼이는 프랑스까지 상대해야 했다.

다시 카르티에 선장의 이야기로 돌아가자. 카르티에가 세인트로렌스 강에서 만난 돈나코나 추장은, 자기 부족은 이보다 훨씬 북쪽 땅에 사는데 거기에는 금과 보석이 가득하다고 했다. 그 말을 믿은 카르티에는 모두 세 차례나 캐나다에 다녀갔지만 추장이 말한 보물을 발견하지는 못했다. 이때까지는 프랑스가 캐나다 지역을 식민지로 만들려고 노력했지만 별다른 성과는 없었다. 그러다가 1603년 프랑스 국왕 앙리 4세는 사무엘 드 샹플랭이라는 퇴역 군인을 대서양으로 내보냈다. 프랑스가 아시아로 가는 지름길, 북서항로를 먼저 발견하려는 의도였다. 샹플랭은 캐나다 지역에 도착했다. 원주민들은 샹플랭을 맞이하며 비버, 늑대 가죽을 선물했다. 샹플랭은 이 새로운 땅에 반해서 다시 프랑스로 돌아가 왕을 설득한다. 그곳을 프랑스의 식민지로 만들고 싶다고 하자 왕은 허락한다. 샹플랭은 새로운 식민지에 살 주민들과 함께 배를 타고 항해를 한 끝에 세인트크로이 섬에 도착한다. 그러나 이곳은 이들을 반기지 않았다. 우선 겨울의 끔찍한 추위가 문제였다. 흙은 소금기가 많아서 농사도 잘 되지 않았다. 절반만 살아남은 이들은 포트 로얄이라는 곳으로 이주했다. 이곳은 그런대로 살만했고 점차 번성하던 참이었으나 프랑스 왕이 변덕스럽게도 식민지에 대한 지원을 모두 끊어 버렸다. 샹플랭은 실망하여 프랑스로 돌아간 뒤 끈덕지게 왕을 설득하여 다시 캐나다로 돌아왔다. 그는 그곳 원주민들이 '강폭이 좁아지는 곳'이라는 뜻의 '케벡'이라고 부르는 곳에 정착하기로 했다. 1608년의 일이다. 지금도 퀘벡이라는 이름으로 불리는 캐나다의 주도가 바로 이곳이다. 현재 캐나다 대다수 지역에서는 영어를 쓰지만 퀘벡 등 일부 지역에서 프랑스어가 공용어로 쓰이는 것은 샹플랭 덕분이다.

비버 전쟁 이야기로 돌아가자면, 전쟁의 결과로 북아메리카 원주민 대부분은 멸족하거나 흩어지고 말았다. 안타깝게도 비버 전쟁과 관련된 기록은 대부분 원주민이 아닌 유럽, 그러니까 프랑스나 영국, 네덜란드 사람들이 한 것이다. 기록 자체도 부족할 뿐 아니라 정확하고 객관적인 사실인지 신뢰할 수 없는 부분들도 많기 때문에 이 부분에 대해서는 좀더 연구가 필요하다.

호랑이 때문에
백성들이 괴롭다

비버 전쟁처럼 모피 때문에 외세와 갈등을 겪거나 한 정도는 아니지
만, 우리나라에서도 동물 털이나 가죽은 흔히 접할 수 없는 귀한 물
건이었다. 토끼 같은 작은 동물부터 소, 말 등의 가죽, 아니면 곰, 표
범, 호랑이 같이 사냥해서 잡은 동물의 가죽 등을 이용했다. 사냥해
서 포획하는 동물 가죽은 특히 더 비싸고 귀했는데 그중에서도 최고
로 치는 것은 호피虎皮였다. 우리나라 사람들은 예로부터 호랑이를
두렵고도 신령스러운 동물로 여겼다. 호랑이에 대한 생각은 그대로
호피로 이어졌으므로 호피는 귀하고 값비싼 물건이었다. 진짜 호랑
이 가죽은 워낙 귀하고 비싸기에 대신 호피 무늬를 그림으로 그려 병

조상들은 용맹함을 상징하는 호랑이 그림이나 부적을 통해 병이나 사악한 기운을 쫓아내려 했다.

풍이나 덮개로 쓰기도 했다. 호랑이는 귀신이나 나쁜 혼령을 쫓아줄 것이라고 믿었기에 신부가 타는 가마에도 호피 그림을 덮었다. 조선 중기에는 나라에서 외국에 조공이나 무역품으로 바칠 요량으로 민간에서 호피를 거두었는데 백성들은 이것을 구하느라고 허리가 휠 지경이었다. 오죽하면 호랑이가 사람을 해치는 호환虎患보다 호피를 구하는 것이 더 큰일이라는 말이 나왔을까.

조선의 열 번째 왕이었던 연산군의 재위 기간을 기록한 연산군일기에는 "호피 때문에 백성들이 괴롭다…… 함정을 설치하고 호랑이를 잡고자 하나 잡지 못하고 있어, 그 대가를 민간에게 거두어 사들이고 있는데, 전에는 호피 하나에 면포 30필이었으나, 지금은 80필에도 구하기 힘들다"라는 기록이 있다.

조선 후기 실학자였던 안정복이 단군 조선부터 고려 말까지의 역사를 기록한 『동사강목』이라는 책 12권에는, 홍자번이라는 사람이 충렬왕 22년에 백성들을 위한 18개 사항을 왕에게 아뢰는 내용이 있다. 그 가운데 "여러 도의 공납이 이미 정해져 있어, 호피, 표피, 웅피를 공납 시켰는데 이는 공납이 복잡하고 과중할 뿐 아니라, 사나운 짐승이 사람을 해칠 우려마저 있으니 이를 중지하십시오"라는 말이 들어 있다. 호랑이뿐 아니라 표범, 곰 가죽 등도 백성들이 조정에 바쳐야 할 중요한 물품이었음을 알 수 있다.

다윈의 진화론과 원숭이

●● 『고릴라』, 『돼지책』, 『동물원』 등 인상적인 작품으로 어린이와 어른 모두를 열광 시키는 세계적인 그림책 작가 앤서니 브라운. 그의 작품에서는 자주 동물이 주인공으로 등장한다. 그림책과 동화책에서 의인화된 동물은 흔하지만 앤서니 브라운의 의인화는 조금 독특하다. 보통 어린이 문학에서 동물은 어린이 독자들이 감정이입하기 좋은 대상이며 그렇기 때문에 별다른 고민 없이 쉽게 차용된다. 다시 말해 꼬마 곰이나 아기 돼지, 강아지는 겉모습만 동물이지 속은 그대로 어린이다. 어린이 눈높이에서 주변의 공간과 세계를 설명하기 위해서 동물을 데려다 썼을 뿐이다.

그런데 앤서니 브라운의 의인화는 다르다. 거기에는 동물을 바라보는 다른 시선이 있다. 작가는 다른 동물들을 동등한 생명으로 대접하지 않고 인간만이 우월하다는 오만한 감정, 한마디로 종−차

세상을 바꾼 동물

별주의를 조롱한다. 그의 대표작들에서도 여지없이 이런 장면들을 꼽을 수 있다. 예를 들어 『돼지책』에서는 주인공인 엄마가 남편과 아들들 즉, 남성 가족 구성원들을 향해 "너희들은 돼지야!"라는 편지를 남기고 집을 나간다. 여성인 어머니는 하루 종일 가사노동에 시달리고, 식구들의 뒤치다꺼리를 하지만 그것을 인정받거나 고맙다는 말을 듣지 못한다. 식구들은 오히려 종이나 하녀처럼 어머니를 부릴 뿐이다. 오직 인내하고 침묵하는 것처럼 보였던 어머니가 "너희들은 돼지야!"라고 선언하는 것은 이야기의 클라이맥스다. 그러자 그림 속에서 두 아들과 남편의 얼굴은 돼지로 변한다. 지저분한 집에서 바닥에 떨어진 과자 부스러기를 킁킁거리는 돼지가 된다. 누군가에게 '너는 개야!' 혹은 '돼지야!'라고 호칭하는 것은 엄청난 모욕감을 준다. 어느 문화권이나 욕설의 대부분은 동물과 관련되며 외설적인 표현에도 동물이 자주 쓰인다. 그 이유는 동물은 본능적이고, 이성적인 판단이 없는 비천하고 저열한 존재라는 인식이 깔려 있기 때문이다. 이 작품에서 '돼지'는 상징적, 관념적으로만 출연하지만 바로 그 지점에서 우리가 동물에 대해 갖고 있는 계급적 우월감을 인지하게 만든다. 그것도 어린이책에서는 매우 드물기에 그 지적은 더욱 신랄하게 느껴진다.

『고릴라』나 『동물원』에서는 한발 더 나아가 독자들에게 '동물'로서의 인간을 자각하게 만든다. 동물원 철창 뒤에 있는 침팬지, 오랑우탄을 클로즈업한 장면이 그것이다. 말을 할 수 없지만 그 눈동자는 엄청난 호소력을 갖고 있다. 인간과 너무나 비슷하고 지적인 존재가 어째서 평생을 감금되어 살아야 하는가. 어쩌면 이들이 말을 할 수 없는 것이 아니라 인간이 동물에게 행하는 폭력 앞에서 아예 입을 다물어 버린 것이 아닐까 하는 생각마저 든다.

그뿐 아니라 앤서니 브라운은 침팬지 '윌리' 등을 주인공으로 작품을 연달아 만들고 있다. 작가는 인간이 동물임을 매우 잘 인식한 듯하다. 동물, 그 가운데에서도 특히 인간과 가까운 유인원을 독자 앞에 정면으로 세워 놓음으로써 침팬지가 나(인간)를 응시하게 한다. 이 순간은 마치 내가 거울을 보는 것과 같고, 침팬지와 내가 동일시된다. 그리고 독자는 동시에 침팬지의 눈동자에 비친 인간을 보게된다. 내가 상대의 눈동자에 비친 나를 보고, 상대는 내 눈동자에 비친 자신을 본다. 이 짧은 순간, 시선의 교환만으로도 두 생명은 교감하고 전 우주적인 생명의 고리를 느낀다. 물론 그 동물이 다른 대상이라도 그것이 가능했겠지만, 인간과 많이 흡사한, 그래서 동일시하기 쉬운 유인원이라는 점도 중요하다.

인간은 특별한 존재가 아니다

인간은 원숭이, 유인원과 함께 고등영장류에 속한다. 이런 분류가 어떤 이에게는 불쾌감을 줄 수도 있겠지만 많은 사람들은 이 과학적 지식을 받아들인다. 대부분의 학교에서도 과학 시간에 이렇게 가르치고 배운다. 그런데 우리가 일반적으로 생각하는 '상식'은 시대에 따라 다르다. 1859년 찰스 다윈이 『종의 기원』을 발표하기 전에는 인간이 원숭이, 유인원과 같은 조상에서 갈라져 진화했다는 사실은 '비상식'이었다. 당시까지 서양에서는 지구의 나이가 6,000년 정도라고 믿었다. 성경의 내용을 근거로 추정한 것이다. 프랑스 박물학자 뷔퐁이 지구 나이는 그보다 훨씬 긴 수천만 년일 거라고 주장했지만 받아들여지지 않았다. 그때까지 사람들은 모든 생물은 신의 창조물이며 그것은 원래 '그냥 존재하는 것'이지 진화하거나 달라지면서 지금의 모습에 이른 것이 아니라고 믿었다. 종은 각각 만들어졌고, 만들어진 그대로 계속 존재했다고 생각했다. 분류학의 기초를 닦은 스웨덴의 칼 폰 린네조차도 "생물학자가 발견한 종의 수는 최초로 창조된 종의 수와 같다"고 했다. 이것을 흔히 '개별창조론'이라고 한다. 오늘날까지도 진화론과 창조론 논쟁은 그치지 않고 진행 중이다. 아무래도 과학적인 사실들을 근거로 삼은 진화론이 현재는 상당히 우세하지만, 다윈이 진화론을 발표한 당시에는 사정이 달랐다. 신이 생물을 하나하나 개별적으로 창조했다는 생각이 대세였던 것이다. 그만큼 『종의 기원』에 담긴 내용은 당시 사람들에게 큰 충격을 주었다. 인간은 하느님의 형상을 본떠 만든 특별한 존재인데 원숭이 따위와 비슷하게 변해 온 거라고 하니 신앙심이 깊었던 사람들은 경악할 수밖에. 오죽하면 비글호의 함장을 지냈던 피츠로이가 말년에 자살한 것을 두고, 신앙심이 깊고 성경을 그대로 믿은 피츠로이가 다윈이 진화론을 발표한 것에 충격과 배신감을 느껴서라는 말이 나왔을 정도였다. 다윈은 박물학자로서 해군선 비글호를 타고 세계 각지를 다니며 그곳의 동물과 식물을 조사하고 연구했다. 그리고 1831년부터 1836년에 걸친 5년간의 비글호 항해를 통해 진화론의 토대를 마련할 수 있었다.

그렇다면 구체적으로 『종의 기원』은 무엇을 주장했을까. 진화론

1820년에 만들어진 비글호는 10개의 총포를 장착한 왕립 해군 범선이었으나 1825년 탐험을 위해 개조되었다. 남아메리카와 오스트레일리아로 모두 세 번의 항해를 했고, 두 번째 항해에 다윈이 동행했다.

이란 정확하게 무엇이 어떻게 진화한다는 말인가. 주된 내용은 두 가지이다. 첫째로 모든 생물이 환경에 맞추어 변화한다는 주장이다. 두 번째는 자연선택이다. 다양하게 진화한 생물이 모두 살아남는 것이 아니라 잘 적응한 생물만이 살아남고 번성한다는 것이다. 반면 적응하지 못한 생물은 점차 사라져 멸종한다. 이것을 흔히 '적자생존의 법칙'이라 한다. 이때 '적자(적합한 자)'란 우열을 가르는 개념이 아니다. 우수함과 열등함을 기준으로 일렬로 줄을 세워서 선착순으로 자르는 게 아니라는 말이다. 왜냐하면 자연환경의 변화는 예측할 수 없고 어떤 변이가 그 환경에서 유리할지는 아무도 모른다. 따라서 적자는 우연적으로 '선택'된다. 유머러스하게 표현하자면 가장 잘난 것이 살아남는 것이 아니라, 살아남으면 가장 잘난 것이다.

진화론의 역사

사실 다윈 이전에도 '고전 진화론'이라고 할 만한 이론이 없었던 것은 아니다. 그리스 시대까지 거슬러 가면 아리스토텔레스도 진화론적 사고라 할 만한 의견을 갖고 있었다. 그는 자연계 모든 존재를 사다리나 피라미드처럼 분류했다. 무생물이 가장 밑바닥이고 그 위에는 해파리 같은 불완전한 생명체가, 그 위에는 어류처럼 좀더 발달된 생물이 있다고 했다. 그 위에는 조류와 포유류, 그리고 가장 위에는 사람이 있다. 하지만 이것은 계급처럼 확정된 것이라고 보았다. 아래층에 있는 생물이 위층으로 이동할 수 없으며, 이들이 같은 긴 시간을 두고 진화를 거쳐서 연결되었다는 생각은 하지 못했다.

독일의 대문호 괴테도 식물을 연구하면서 1780년경, 식물 공통의 원형으로서 원식물原植物이 있다고 주장했다. 식물도 한 가지 계통에서 시작해 변이를 거쳐 지금과 같이 다양한 식물계가 형성되었다는 데까지 생각해낸 것이다. 하지만 괴테의 주장은 단편적인 아이디어에 머물렀을 뿐 진화론 수준의 이론에는 미치지 못했다. 당대의 상식과 달리 지구의 나이를 진실에 가깝게 추정했던 뷔퐁도 진화론에 상당히 접근했었다. 그는 동식물은 처음 생겼을 때의 모습 그대로 유지되는 게 아니라 계속 변한다고 생각했고 그 증거로 지금은 쓰이지 않고 희미하게 흔적만 남은 기관을 들었다. 다윈 역시『종의 기원』8장에서 '흔적기관'을 언급한다. 잘 쓰이지 않는 기관이 퇴화된 증거이며 이것이야말로 자연선택, 진화의 증거라고 설명했다. 빛이 닿지 않는 컴컴한 동굴에 사는 장님동굴물고기의 경우는 퇴화된 망막과 시신경, 공막 등이 흔적기관이다. 날지 못하는 새 타조에게 날개가 있는 것이나 사람에 따라 나기도 하고 나지 않기도 하는 사랑니도 그런 예들이다.

고전 진화론의 계보에서 다윈 바로 직전의 학자는 프랑스 사람인 장 라마르크다. 라마르크는 많이 쓰는 기관은 발달하고, 잘 안 쓰는 기관을 퇴화한다는 '용불용설用不用設'을 주장했다. 기린이 높은 곳에 있는 나뭇잎을 먹기 위해 목을 죽 빼고 늘이다 보면 목이 길어질 것이고, 그런 특성은 기린의 후손들에게도 이어진다는 식이다. 그러나 이것은 현재 틀린 것으로 밝혀졌다. 당대에 얻은 특성(획득형질)은 유전되지 않기 때문이다.

오늘날의 관점에서 볼 때, 다윈의 진화론에도 몇 가지 결함이 있다. 예를 들면 3장 「변이의 법칙」에서 라마르크처럼 동물이 어떤 기관을 자주 쓰면 발달하고 그 특징이 후손에게 전달된다고 한 부분도 오류다. 또 그때는 유전자라든가 형질 등 유전의 기본적인 원리가 밝혀지기 전이라 유전의 방식을 제대로 설명하지 못한 부분도 있다.

유전에 관해서는 1866년 오스트리아 성직자였던 그레고르 멘델이 완두콩을 이용한 실험을 통해 유전 법칙을 발표했지만 별다른 주목을 받지 못했다. 그러다 1900년대 들어 몇몇 과학자들이 그의 유전 법칙이 옳다는 것을 입증했고, 다윈이 『종의 기원』에서 설명한 유전 방식이 잘못되었음을 밝혀냈다.

아 직 도 풀 리 지 않 은
진 화 의 비 밀

『종의 기원』이 출판된 지 어느 새 150년이 지나갔다. 진화론은 지구의 역사와 생물 전체에 대한 이해를 완전히 바꾸었다. 비록 아직도 종-차별주의적인 시각이 우세하지만 그래도 인간이 원숭이, 유인원 등을 포함해 다른 동물들과 연결되어 있다는 통찰은 여전히 놀랍다.

한동안 진화론은 인종주의자와 식민주의자들에게 악용되기도 했다. 그들은 민족주의를 내세워 다른 인종을 차별하고 제국주의를 정당화하는 일에 자연선택이라든가 적자생존의 원칙을 들먹였다.

현대 과학은 기본적으로 다윈의 진화론을 받아들이되 유전학의 발전과 분자생물학 등 그밖의 성과들을 취합하여 신다윈론(네오다위니즘)을 발전시키는 중이다. 생물이 진화한다는 사실은 받아들여졌지만 그 정확한 진화 과정에 대해서는 아직도 밝혀지지 않은 것이 많다. 진화론이 풀어가야 할 수수께끼가 여전히 남아 있는 셈이다. 이처럼 진화론은 하나의 과학적 이론으로서 지금도 스스로 진화하며 우리에게 인간과 동물의 관계에 관해 끊임없는 질문을 던지고 있다.

제국주의와
동물원의 탄생

•• 　우리가 경험하는 동물원은 매우 이중적인 공간이다. 보통 화창한 날 가족들과 즐거운 시간을 보내기 위해 동물원에 간다. 그러나 그곳에 사는 동물들은 즐겁지 않다. 행복하고 즐거운 여흥을 위해 설계된 공간이지만 그 이면에는 다른 존재의 고통과 희생이 따를 수밖에 없다. 목적과 수단이 서로 배반하는 공간이다.

　누군가는 현대의 동물원이 '현대판 노아의 방주' 노릇을 한다고 말한다. 야생에서 멸종되거나 그럴 위험에 처한 동물들을 보존하고 지키는 커다란 방주가 바로 동물원이라고. 하지만 정말 그럴까? 동물원은 동물들에게 단지 감옥일 뿐인 게 아닐까? 동물원에 가서 우리는 창살 너머로 동물들을 본다. 이 시선, 인간이 동물을 바라보는 이 시선을 위해 동물원은 존재하는 것이다. 그러나 우리는 동물이 우리를 본다고는 생각하지 않는다. 동물의 눈이 말하는 것에는 관심이 없다.

　동물로서의 인간이 다른 동물을 바라보는 곳, 동물원이라는 이 묘한 공간은 언제 처음 생겨났을까. 동물원의 역사를 거슬러 올라가면 비슷한 공간이면서도 조금씩 다른 의미를 지니고 변화했다는 것을 알 수 있다. 동물원의 변천은 대략 세 가지 단계로 나눌 수 있다. 고대의 동물원은 대개는 재력과 계급적 지위를 둘 다 갖춘 개인이 동물을 수집하고 기르는 소규모의 공간이었다.

　근대의 동물원은, 개인이 수집한 희귀한 동식물을 혼자서 감상, 완상하는 것에서 만족하지 않고 대중에게 공개한다. 이들 공간은 '미네저리'라고 불렸는데 공개의 목적은 어디까지나 소유자의 부나 능력을 과시하는 데 있었다. 런던 동물원을 기점으로 한 현대 동물원은 '과학'과 '진보'를 내세운다는 점이 다르다. 런던 동물원과 같은 공공 동물원을 옹호했던 사람들은 미네저리를, 관람객의 호기심을 채워 주는 정도에 만족하는 곳이라는 의미로 폄하했다. 그래서 미네저리와는 다른 공적이며 공익적인 동물원을 동물학적 정원zoological garden, 줄여서 쥬zoo라고 부르며 차별화했다. 도시 생태계에서 함께 살 수 없는 야생의 동물을 인공적인 공간에 데려다 놓고 이들을 키우고 관찰함으로써 동물학, 생물학에 대한 과학적 지식을 얻고자 표방한 것이다. 누구나 와서 이들을 보고 관찰할 수 있으므로 과학적 지식을 대중과 공유하겠다는 부차적인 목적도 있다.

　그러나 과학의 발전과 지식의 공유라는 명분도 어디까지나 인간의 입장에서 유익한 것이고, 동물원에 살고 있는 동물들에게도 과연 그러한 것일까? 동물원 대부분은 원래 그들이 살아야 하는 생태적 환경과는 너무나 거리가 먼 인공적인 공간이다. 동물 복지권과 생명권을 고려한다면 현대 동물원의 목적과 기능에 대한 고민이 필요하다. 고대부터 이어진 동물원의 역사를 짚어 보면 동물을 바라보는 인간의 시선이 어떻게 바뀌었는지도 더불어 알 수 있을 것이다.

부자들의 취미로 시작된 동물원

예로부터 부자들은 희귀한 동식물을 수집하여 부를 과시하려 하였다. 수집품으로서 동물들을 한자리에 모으고 진열한다는 개념에 가깝다. 5천 년 전부터 고대 이집트 왕조를 중심으로 야생동물을 수집하고 기른 흔적이 있다. 알렉산더 대왕이나 트라야뉴스 황제, 네로 황제를 비롯해서 로마 황제와 총독, 정치인들도 진기한 동물들을 모았다. 8세기 말에 샤를마뉴 대제는 큰 규모의 동물원을 갖고 있었다고 한다.

아시아를 살펴보면 기원전 1100년 경 중국 주 나라에는 지식원知識園이라는 곳이 있어 호랑이, 사슴, 코뿔소 등 대형 동물과 각종 새, 왕뱀, 거북, 물고기 등을 길렀다고 한다. 그런데 동물원의 기원이라고 할 수 있는 고대의 이 공간들 가운데에서도 중국의 지식원은 조금 다른 성격을 띤다. 지식원이라는 이름에서도 알 수 있듯 이국의 동물들을 통해서 새로운 지식, 나라 밖 더 넓은 세계를 배우겠다는 의지가 담겨 있다. 그런 의미에서 지식원의 흔적이 남아 있었다면 현대 동물원의 기원으로 볼 만하다.

유럽을 살펴보면, 1752년 오스트리아 빈에 세워진 쇤브룬 동물원이 있다. 지금까지 남아 있는 근대 동물원 가운데 세계에서 가장 오래된 동물원이다. 처음에는 일반에 공개하지 않았다가 1765년부터 공개했다. 1744년 프랑스 파리에도 국립자연사박물관 부속식물원 안에 동물 사육장인 미네저리가 설립되었다. 앞서도 말했듯 미네저리는 단순한 전시 목적, 부를 과시하기 위한 공간이었지만 이와는 달리 동물 공원, 또는 동물원이라고 지칭되는 곳은 과학 연구와 공공 교육의 특전이 있는 장소라고 선전했다. 그런 의미에서 서구에서는 1829년 런던 동물원을 현대 동물원의 기원으로 본다. 이곳은 과학의 진보를 바라는 시민의 의지로 설립되었으며 '동물학과 동물생리학의 진보 및 동물계에 있어서 새로운 것을 소개한다' 라는 목적을 내세웠다. 이는 동시에 대형 박물관과 마찬가지로, 당시 점점 세력을 넓혀가던 부르주아지들의 욕구를 반영한다. 동물원은 자본주의의 경제적 지원으로 고상한 지식의 사원을 건설한다는 부르주아적 허영심을 충족시켜 주기에 적합했다. 런던 동물원 설립에 큰 역할을 기울였던 래플스는 '동물학회' 의 창설자이기도 했다. 이 학회의 가장 중요한 목표는 동물학적 주제에 관심을 가진 사람들이 과학 논문을 연구하고 제출할 수 있는 포럼을 만드는 것이다. 동물학회는 "살아 있는 동물을 수집하고, 비교해부학적 자료를 갖춘 동물 보존 박물관을 만들며, 이 주제와 관련한 도서관을 짓는 것"을 목표로 했다. 학회가 주축이 되어 런던 동물원을 세우면서 래플스는 동물을 수집하는 것은 공공에게 흥미와 위락을 제공하는 역할도 해야 한다고 말했다. 결국 이러한 생각은 지금까지도 동물원에 대한 우리의 인식의 바탕을 이루고 있다. 19세기 중반에는 그들이 표방한 '과학의 장' 보다는 공공 오락 장소에 더 가까워졌다. 도심 속 자연공원이나 위락 시설과 같은 역할을 하게 되었다. 아이를 데리고 온 가족, 연인들은 우리 앞에서 동물을 관찰하기도 하고, 동물들에게 먹이를 주기도 했다. 관람객들은 갇혀 있는 동물들이 우울하거나 아파 보이면 동물을 걱정하기 보다는, 다른 건강한 동물로 대체해 줄 것을 요구했다. 그것은 동물원에 있는 동물들은 어디까지나 관람객의 기분을 북돋우고 흥을 더해 주어야 한다는 생각에서 나온 것이다. 시끄럽게 울부짖거나, 냄새를 풍기거나, 관람객이 보는 데에서 짝짓기를 하거나 아파서 보기 흉하게 털이 빠지거나 축 처져 있는 것은 동물원과 어울리지 않는다고 보았다. 그리고 영국을 비롯한 서구 열강들은 동물원을 통해서 자국민들에게 제국주의를 심어 주기도 했다. 동물원은 머나먼 이국의 땅과 그곳에 사는 동물들을 보존하는 역할을 한다고 자처하는 것도 제국주의적 시각에서 식민화를 합리화하는 논리와 일

맥상통한다.

런던 동물원이 부르주아적인 방식으로 제국주의적 열망과 이국의
세계에 대한 매혹을 교묘하게 감추었다면 하겐베크의 동물원은 이
보다 더 노골적으로 제국주의적인 시각을 드러내며 동물을 전시하
고 공연을 했다. 하겐베크의 동료였던 주코브스키는 이렇게 말했다.

"(하겐베크가 원한 것은) 전 세계 각 기후대에서 데려온 동물을 각자의
생존 조건에 알맞은 방식으로 보여줄 수 있는 동물 천국을 만드는 일이
다. 창살이나 울타리 뒤에 가두는 것이 아니라 완전히 자유롭게 보이도
록 두는 것이다. 이 천국에서는 사람도 피부색별로 전시할 것이다. 이는
가장 믿을 만한 형태의 자연보호구역이 될 것이며, 세상의 축소판이 될
것이다. 수많은 사람들은 전 세계 곳곳을 위험 없이 여행하는 기분을 느
낄 것이며, 야자수 아래에서 한가로이 산책을 즐길 수도 있을 것이다."

칼 하겐베크의 이력을 살펴보는 것은 19세기 독일과 유럽의 동
물원, 동물 전시를 아는 것과 같다. 하겐베크의 아버지는 생선 장수

였는데 엘베 강에서 철갑상어를 잡다가 엉뚱하게 그물에 걸린 물개 여섯 마리를 집에 가져 온다. 아버지와 아들은 돈을 받고 사람들에게 물개를 구경시키기로 한다. 나무 욕조에 물개를 담아 구경을 시켰는데 사람들의 반응이 좋았다. 함부르크에서 물개들의 인기가 한풀 꺾이자 나중에는 관심을 보인 사람에게 물개를 팔았다. 이것도 역시 꽤 돈 벌이가 되었다. 이 일은 하겐베크 가문의 첫 동물 사업이었다. 그의 아버지는 이 일을 계기로 외국 동물을 모으고 파는 일에 본격적으로 나선다. 집 안에 여러 가지 동물을 모아서 미네저리를 만들기도 했다. 1850년대 초에는 함부르크 항구로 들어오는 동물들을 정기적으로 사들였다. 수집가들은 대부분 새, 원숭이, 파충류와 나비나 벌 등의 곤충류를 좋아했지만 그의 아버지는 남들이 잘 사지 않는 덩치 큰 동물들도 사들였다. 15살밖에 안 된 하겐베크를 비롯해 가족 모두가 나서서 아버지가 하는 동물 사업에 참여했다. 1860년대에 하겐베크는 영국 등을 통해 유럽에 들어온 동물을 사거나, 동물원이나 미네저리에 있던 동물을 사서 되파는 식으로 사업을 했다. 하겐베크는 이런 식으로 중간 상인을 두는 것보다는 아프리카 등을 통한 직접적인 공급원을 확보하는 게 중요하다는 것을 깨닫는다. 이런 판단을 토대로 하겐베크는 동물 거래에서 국제적으로 가장 큰 회사로 발전한다. 그의 사업은 토착 동물 사냥꾼과 토착 상인들에게 크게 의존하고 있었다. 이 과정에서 동물 포획은 전문화되고 인도적인 견해는 사라지고 상업적인 판단이 그 자리를 대체했다. 사

상아는 지금도 고가로 거래되는 코끼리의 송곳니로, 15세기에 유럽이 서아프리카를 침략해 식민지를 만드는 요인이 되기도 하였다.

냥과 포획이 아무리 잔인하고 동정심 없이 이루어져도 결과만 중요하게 여겨졌다. 새끼 코끼리 한 마리를 붙잡기 위해 코끼리 한 무리를 모두 잡은 다음 어른 코끼리는 다 죽이는 일도 있었다. 사냥꾼들은 소름이 돋는 끔찍한 묘사를 서슴지 않으며 그것을 자신의 성과라며 자랑했다. 그렇게 잡은 코끼리들은 식민지의 전리품과 같았다. 수천 명의 베를린 시민이 줄을 서서 뿌듯한 마음으로 지켜보았다. 야생동물 포획은 마치 아프리카 원주민들을 노예로 잡아 노예무역선에 태웠던 것과 다를 바 없었다.

그럼에도 불구하고 하겐베크의 회사는 동물을 사랑하고, 동물을 보살피는 것을 최우선으로 한다는 기업 이미지를 심어 주기 위해 노력했다. 1850년대 초부터 하겐베크는 동물 전시를 대중에게 개방했지만, 정작 이 회사를 유명하게 만들어 준 것은 '원주민 순회 전시'였다. 마침 순록 30마리를 수입할 계획이 있었는데 로이테만이라는 친구가 순록과 함께 라플란드(스칸디나비아 반도 북부-스웨덴, 핀란드, 러시아 일부 등-에 사는 아시아계 소수민족) 가족들이 순록을 데리고 오게 하자는 아이디어를 냈다. 그들이 살던 천막, 무기, 썰매, 가재도구까지 몽땅 가져와서 전시를 하면 사람들의 관심을 끌 수 있을 거라고 했다. 하겐베크는 정말로 친구 말대로 1875년 9월 중순 라플란드 사람들이 배를 타고 함부르크에 오게 했다. 그들은 자기들의 세간과 순록 한 무리를 데리고 왔다. 함부르크 사람들은 북극에서 온 사람들을 구경하기 위해 구름 떼처럼 몰려들었다. 라플란드 인들은 구경꾼들 앞에서 태연스럽게 아이에게 젖을 먹이거나, 순록의 젖을 짰다. 이러한 사람 쇼가 성공을 거두자 하겐베크는 누비아족(아프리카 동북부에 사는 부족), 수단 사람들, 에스키모들을 데리고 와서 전시를 했다. 심지어는 전시가 끝나면 눈, 피부색, 머리털 등을 연구하고 기록하며 연구 목적이라며 나체 사진을 찍기도 했다. 이러한 인종 전시는 결국 인종차별주의를 보여 주는 것이었다.

1907년 5월 1일 하겐베크는 슈텔링겐에 새 동물공원을 열었다. 그는 이곳을 '동물 낙원'이라고 불렀다. 동물들이 조화를 이루고 생존을 위한 투쟁이 사라지는, 그야말로 성경에 나오는 낙원 같은 환상을 재현하고자 했다. 그러한 환상을 가능하게 한 것, 그리고 이 동물 공원이 당시 사람들에게 충격과 신선함을 줄 수 있었던 것은 하겐베크가 최초로 시도한 동물원 설계에 있었다. 관람객이 창살과 울타리가 없이 바로 동물들을 볼 수 있었던 것이다. 울타리가 없는 대신 우리 둘레로 인공 해자를 둘러서 동물들이 뛰쳐나오거나 넘을 수 없게 했다. 게다가 동물들이 있는 공간에 인조 바위나 동굴을 만들어 마치 진짜 자연 속에서 노니는 듯한 풍경을 '연출' 했다. 이것을 파노라마식 전시(창살 없는 개방형 울타리)라고 한다. 일부 비평가들은 이곳이 "팔려 가기 위한 동물들의 임시 전시장"이라는 점을 정확하게 짚었지만, 안타깝게도 대중들은 이곳이 동물들의 안식처이며 낙원이라는 선전에 매혹된다. 그리고 이러한 인식은 지금까지 동물원에 대한 이미지로 그대로 굳어진다.

갇혀 있는
동물을 바라보는 시선

동물원은 처음부터 관람객, 인간을 위한 목적으로 만들어진 공간이지만 우리는 그것이 동물에게도 좋은 일이라고 믿고 받아들이려는 경향이 있다. 그렇게 믿어야 조금이나마 마음이 편해지기 때문이다.

그러나 이제는 동물원이라는 곳의 역사와 그 의미를 성찰해 볼 때가 되었다. 그 안에 있는 동물의 입장과, 그들을 바라보는 우리의 시선에 대해서도 되짚어 생각해 보아야 한다.

더디기는 하지만 긍정적인 변화가 나타나고 있다. 2003년 세계 수족관 및 동물원 협회는 동물 복지 윤리와 강령을 선포한다. 이에 따르면, 동물원의 동물 전시는 동물 복지를 고려해야 하고 동물원은 동물들의 야생 상태의 삶을 수용하기 위해 노력해야 한다. 따라서 협회에 소속된 전 세계 동물원과 수족관은 현재의 동물 전시를 개선하고 동물 복지를 향상할 의무가 있다. 갇혀 있는 동물들은 사람이 주는 먹이를 먹으며 단조롭게 살고, 스트레스를 많이 받으므로 이를 해소하려는 노력도 필요하다. 동물원 동물 가운데 극심한 스트레스로 정형화 행동stereotypical behaviour을 보이는 동물들이 많다. 무의미하게 우리를 왔다 갔다 하거나 창에 머리를 찧는 것을 반복하는 행동들이다. 사람으로 치면 정신적인 문제를 앓는 것과 같다. 이런 동물들에 대해서도 조치를 취해야 한다. 예를 들면 행동 풍부화 프로그램 등을 적극적으로 들여와서 그야말로 동물의 행동을 풍부하게 하고 정신적으로도 건강한 상태를 유지하게 돕는 것도 방법이다. 제대로 보살핌을 받지 못하고 비참한 환경에서 몸도 마음도 병든 동물을 보는 것은 고통스럽다. 공감할 수 있는 능력을 가진 인간이 그 고통을 외면해서는 안 된다. 이 시대에 동물원이 어떤 공간인지, 무슨 의미가 있는지, 꼭 있어야 하는지 함께 생각해 보자.

과학 기술의 제물이 되다
ㅡ현대

chapter 5

소고기와
미친 소 병

　　근현대 이후로 동물들의 처지는 더욱 비참해졌다. 가축으로 길들여진 동물들은 물론이고, 야생에 남겨져서 비교적 인간의 간섭에서 자유롭게 사는 동물들조차도 인간들에게 희생되고 있다. 그나마 최근까지 비교적 그들의 전통을 잘 지켜 온 북미 인디언들이나 아시아 원주민들은 그들의 문화, 정신적인 세계관 속에서 대자연이라는 어머니 품에서 인간과 동물이 형제, 아니면 먼 친척의 관계라는 믿음을 지녔다. 그래서 곰이나 고래를 사냥해서 잡더라도 붙잡힌 동물들에게 미안함과 고마움이라는 감정을 느꼈다. 마음속으로만 느끼고 만 것이 아니라 언어적으로 분명하게 그런 감정들을 표현했고, 때로는 '의식'이라는 형식으로 전통을 만들어 후손들에게 전했다. 영화 『아바타』에서 나비족 여인이 자신을 공격하는 동물을 창으로 찌르고 반격한 뒤 죽어가는 동물의 귀에 대고 사과와 감사를 담은 주

세상을 바꾼 동물

문을 들려주는 것도 비슷한 맥락이다.

　이렇게 동물과 인간이 신화적인 차원에서 평등한 관계였을 때는 그것이 그대로 윤리로 작용을 했다. 그래서 설령 동물을 잡아먹거나 기르거나, 일을 시켜 부려먹더라도 최소한의 예의, 존중감 같은 것은 갖고 있었다. 사냥도 꼭 자신들이 먹을 만큼만 했다. 문화에 따라서는 가축에게 이름을 붙여 주고 마치 아이를 돌보는 것과 같은 손길로 애정을 표현하기도 했다. 늙은 농부와 소에 대한 다큐멘터리 영화 『워낭소리』에 나오는 두 주인공을 보아도 그러하다. 노인은 평생 자신과 함께 일하고 마지막 생명까지 다 바친 소에게 깊은 애정을 보인다. 소보다 더 오랜 시간 그의 곁에 있었던 아내에게 하는 것보다 더 살뜰하게 소를 챙긴다. 소를 가축으로서 부리고 노동력을 이용하지만 노인은 소를 감정적으로 동료나 가족과 같은 인격체로서 대했다.

마당을 나오지 못하는 암탉

현대에 오면 소나 양을 치고, 우유를 짜는 목축도 하나의 산업이 되면서 다량생산, 공장형 생산 방식의 체계를 갖추게 된다. 전문용어로는 이것을 현대식 카포CAFO, Confined Animal Feeding Operation 우리에 갇힌 동물 사육 공장라고 한다. 우리의 식생활은 이미 거의 매일 소나 돼지, 닭고기를 먹을 정도로 기름져졌다. 그러나 그렇게 줄곧 고기를 소비하면서도 살아 있는 가축들의 모습을 실제로 보는 일은 거의 없다. 성인인 필자도 도시에 태어나 살면서 실제 소나 돼지를 본 것은 생협 조합원으로서 생산지 견학을 하거나 우연한 기회에 먼 친척이 사는 시골에 갔을 때뿐이다. 40년 가까이 살았지만 가축들을 직접 본 경험은 다해도 대여섯 번이 안 될 것이다. 때문에 삼겹살을 구워 먹거나 소고기를 썰어 넣은 무국을 먹을 때 살아 있는 돼지나 소를 떠올릴 필요가 없다. 그들이 어떤 환경에서 태어나고 길러지는지 어떤 먹이를 먹는지 모른다. 심지어 생산의 마지막 단계, 따라서 소비와 가장 가까운 단계인 도살 과정이나 그 이후의 유통 과정도 사실상 잘 모른다. 소비자는 슈퍼마켓 진열대에서 용도에 맞는 고기를 사서 계산하면 그만이다. 세제나 치약, 과자를 사는 것과 마찬가지로 고기도 개별적으로 포장된 상품일 뿐이다. 공장식 생산 방식은 이와 같이 동물과 인간이 서로 마주칠 일이 없게 만들었고, 동물이 가축이기 이전에 살아 있는 생명이라는 사실을 잊게 만들었다. 그러나 우리가 알든 모르든 간에 현대 사회는 공장식 생산을 쉽게 포기하지 않을 것이다. 다음과 같은 사실을 알게 되면 예전만큼 고기 맛이 좋지는 않겠지만, 그럼에도 불구하고 용기를 내어 현실을 들여다보자.

먼저 닭. 우리는 거의 매일 달걀을 한 개 이상 소비한다. 달걀은 달걀 프라이, 달걀찜, 계란말이 등 조리도 쉽고 영양도 풍부한 음식이다. 치킨은 국민 간식이라고 불러도 좋을 만큼 자주 먹는다.

닭을 키우는 방식에는
두 가지가 있는데 방사형과
우리형이다. 방사형은 예전
시골 농가들이 한 것처럼
마당에서 풀어 놓고 키우는
방식이다. 물론 시골집 마
당처럼 닭들이 사립문으로
나가고 뒷마당도 드나들고
하는 것은 아니다. 우리 없
이 트인 공간 둘레로 가로
막이나 벽은 있지만 닭들은
구속됨 없이 자유롭게 움직
일 수 있다. 시중에서 파는
유정란 중에서도 '방사 유
정란'이라고 표기된 것은
이런 방사식 농장에서 생산
된 달걀이다. 위생적으로

동화가 원작으로, 더 이상 부화시키지도 못할 달걀
을 낳기를 멈추고 양계장 밖으로 나선 암탉의 모험
을 다루고 있다.

관리되고 닭들을 잘 보살피는 농장이라면 방사 유정란이야말로 가
장 건강하고 '자연스러운' 달걀이라 할 수 있다.

그러나 대부분의 닭들은 우리형 사육으로 길러진다. 우리형 사
육을 '브로일러'라고도 부른다. 아파트처럼 층층이 쌓인 엄청 큰 닭

장 칸칸마다 닭 한 마리씩을 기르는 방식이다. 한 마리가 갇힌 공간
은 고작해야 A4 복사용지 크기 정도이다. 몸집이 커진 암탉에게 이
공간은 위나 아래, 뒤로 고개를 돌리기도 힘들 만큼 좁다. 닭들은 이
곳에서 앉은 채로 똥오줌을 누고 그것은 그대로 아래 우리에 있는 닭
에게 떨어진다. 닭똥 더미에서 나오는 암모니아 냄새는 눈을 따갑게
할 정도이다. 주인들은 더 많이 알을 낳게 하려고 축사에 24시간 불
을 켜 놓는다. 닭들은 밤에도 제대로 잠들 수 없다. 닭이 먹는 사료에
는 각종 항생제, 성장호르몬 등이 들어 있다. 지나치게 먹이는 데다
성장호르몬까지 투입하기 때문에 닭들은 자연 상태에서 자라는 것
보다 세 배나 살이 찐다. 하지만 우리에만 갇혀 제대로 움직일 수 없
기 때문에 거의 모든 닭들은 관절염에 걸리고 심장병도 앓게 된다.

버질 버틀러는 미국 닭고기 시장의 1/4을 차지하는 타이슨푸드
라는 식품 회사 도살장에서 근무할 때 자신이 목격한 끔찍한 일들을
세상에 공개한 사람이다. 그가 회사에서 일할 당시 매일 8만 마리의
닭을 잡았는데 대부분은 우리가 잘 아는 패스트푸드 업체 KFC에 납
품되었다. 도살 과정은 다음과 같다. 벨트에 거꾸로 발이 묶인 상태
로 닭들이 전기 충격기를 지나서 기절한 상태가 되면 목 자르는 기계
를 통과한다. 그 다음에는 끓는 물탱크에 담는다. 도살 과정을 상상
하는 것만으로도 끔찍하지만 이것은 그나마 정상적으로 도살되었을
때이고 더 끔찍한 시나리오는 따로 있다. 기계들이 지나치게 빠르게
움직이다 보니 일부 닭들은 산 채로 끓는 물에 튀겨지고 그러면서 퍼

세 상 을 바 꾼 동 물

덕거리고 발버둥을 치게 된다. 뼈가 부서지고 눈알이 빠지는 일이 예사라는 것이다. 그러나 그렇다고 해서 기계를 멈추는 일은 없다. 직원들은 아직 목숨이 붙은 닭을 다시 기계로 던지거나 벽에 패대기치기도 했다. 그러나 타이슨푸드에서는 이러한 사실을 모두 부인하고, 버질 버틀러가 회사에 앙심을 품고 꾸며낸 일이라고 주장했다. 하지만 또 다른 대형 양계업체인 필그림스프라이드 회사의 도살장을 찍은 비디오테이프가 공개되었다. 거짓말은 들통이 났지만 이 두 회사는 이후에도 시정 노력을 전혀 하지 않고 있다.

먹는 것만 좋아하고 게으름뱅이 같은 이미지를 지닌 돼지는 어떨까? 사육되는 돼지의 현실도 크게 다르지 않다. 돼지는 거의 일생에 단 한 번도 나들이를 하지 못하고 풀밭을 뛰놀지도 못한다. 돼지 가운데에서도 가장 가엾은 것은 번식용 암돼지이다. 이들은 이익을 최대한 추구하는 공장식 농장의 논리와 목적대로 최대한 빨리, 자주, 많이 새끼를 낳아야 한다. 돼지가 임신을 하면 16주간 임신용 특수 우리에 갇히는데 그 크기는 거의 돼지와 같아서 몸조차 돌릴 수 없고 오로지 서 있거나 맨바닥에 눕는 동작밖에는 취할 수 없다. 암돼지를 임신 시키는 과정도 인간의 눈으로 보면 강간이나 성폭력과 다름없다. 수돼지라고 해서 더 편하고 호사스럽게 사는 것은 아니다. 수돼지는 태어난 지 열흘 만에 거세를 당하는데 더 비참한 것은 마취 주사도 맞지 않는다는 것이다.

농장에서 태어난 젖소 역시 비슷한 일생을 살게 된다. 우유를 생산해야 하는 젖소는 임신을 하고 송아지를 낳아야만 젖이 나오므로 평생에 걸쳐 인간의 손에 강제 임신이 된다. 게다가 그렇게 해서 낳은 송아지는 금세 어미에게서 떼어놓는다. 새끼를 잃은 어미 소나 어미를 잃은 송아지 모두 처량하게 울지만 도리가 없다.

닭, 돼지, 소를 막론하고 이들 가축은 하나 같이 비정상적인 행동을 반복하는 경향이 있다. 옆에 있는 동물의 꼬리를 물어뜯거나 때로는 자기 꼬리를 물기도 한다. 의미 없이 창살에 몸을 부딪치고 고개를 왔다 갔다 한다. 갇혀 지내는 스트레스 때문에 나타나는 증상들이다. 이들도 인간처럼 감정과 감수성을 갖기 때문에 이와 같은 학대를 견디기 힘든 것이다.

위의 모든 이야기는 세계적인 윤리학자이자 행동가인 피터 싱어와 5대째 농사를 짓는 농부의 자식이자 스스로가 농부이며 변호사이기도 한 짐 메이슨이 함께 쓴 『죽음의 밥상』에 나와 있다. 두 사람은 이 책을 쓰기 위해 미국 전역을 돌며 축산 농가를 방문하고 인터뷰한다. 그들은 아무리 두드려도 문을 열려 하지 않는 대형 육가공 기업에 끊임없이 협조를 구하고 진실을 밝히려고 애썼다. 이것이 우리나라가 아닌 2000년대 미국의 이야기라고 해서 안심할 수 있는 것은 아니다. 우리나라 축산업의 현실도 크게 다르지 않기 때문이다. 공장형 목축업은 생산성과 수지를 맞추기 위해, 그러니까 쉽게 말해 돈을 벌기 위해서 냉정해졌다. 동물을 인간과 같이 심장이 뛰고 고통을 느끼는 생명이라 생각하면 그토록 쉽게 하지 못할 일들을 '관행'이라는 이름으로 저지르고 있다. 앞서 살펴보았듯 동물원이나 서커스, 엔터테인먼트, 모피 산업 등에서도 그렇지만 동물은 철저하게 인간만을 위해 이용된다. 최소한의 동정심과 배려도 찾기 힘들다. 동물은 처음부터 끝까지 산업적, 경제적인 이익을 위한 수단일 뿐이다.

인간의 오만이 부른
광우병

현대의 사육 공장이 빚어낸 결과물 가운데 가장 끔찍하고 심각한 결과가 바로 광우병일 것이다. 광우병은 전문용어로 소해면상뇌병증이라 한다. 소의 뇌가 해면, 즉 스펀지처럼 변해 가는 퇴행성 질병이다. 우리말로는 말 그대로 광우狂牛, 미친 소 병이다. 광우병에 걸린 소는 일어서지 못한다. 일어나지 못하는 소를 다우너downer라 하는데 광우병의 대표 증상이다. 이름조차도 꺼림칙한 이 병이 세상에 알려지기 시작한 것은 1980년대 중반이다. 그러나 광우병의 원인을 추적하면 18세기 유럽 등지에 퍼진 '스크래피'까지 거슬러 올라간다. 스크래피는 양들에게 유행한 전염병이다. 기록에 의하면 18세기 초에 이미 북유럽과 오스트리아, 헝가리에도 이 병이 돌았고, 18세기 중반 영국도 이 병 때문에 양의 수가 급격히 줄었다고 한다. 당시 영국은 전체 인구의 1/4이 양털 산업에 종사할 정도로 국가 경제의 큰 부분을 차지했으므로 스크래피에 의한 타격이 얼마나 컸을지 짐작할 수 있다. 당시 목양업자들 사이에서 이 병은 골연화, 떨림, 떠는 병, 어지러움 병, 동물 정신병 등의 다양한 이름으로 불렸다. 온순하던 양이 갑자기 공격적이 되는 것이 첫 번째 증상이며, 심한 가려움증을 느껴서 벽이고 말뚝이고 아무 데나 털을 비비고 긁어 대는 통에 털이 빠지고 피가 나는 것이 두 번째 특징이었으므로 그 어떤 이름도 다 어울리는 것이었다. 현대에 와서 붙여진 스크래피라는 이름도 '긁는다' 는 뜻의 영어 단어 스크레이프scrape에서 나왔다. 19세기에 와서야 과학은 이 병이 뇌 손상에 의한 질환임을 밝혀냈다. 죽은 양의 뇌에는 커다란 구멍이 뚫려 있었다. 그러나 당시 과학자들은 이 질병이 어떻게 다른 양에게 옮겨 가는지 알아내지 못했다.

비슷한 질병이 캐나다, 미국 등지의 대규모 밍크 농가에서도 발견되었다. 밍크들의 뇌세포에 구멍이 나 있었고 신경세포도 파괴되었다. 그런데 이들 밍크 농장에는 공통점이 하나 있었다. 밍크의 먹이, 사료가 비밀의 열쇠였다. 농장주들은 죽은 양이나 쓰러져 일어나지 못하는 소를 구해다 밍크에게 갈아 먹였다. 죽은 양 가운데에는 분명 스크래피에 걸린 양도 있었을 테고, 광우병으로 죽은 소도 있었을 것이다. 광우병이나 스크래피는 프리온에 의한 퇴행성 질병이다. 프리온은 쉽게 말해 비정상 단백질이다. 변형 프리온 단백질은 정상 단백질도 변형시키고 기하급수적으로 비정상 단백질 덩어

광우병에 걸린 동물이 보이는 주된 특징으로는 주저앉는 것(다우너)을 들 수 있다.

리를 만든다. 이로 인해 뇌 조직이 손상되고 구멍이 뚫린다. 바이러
스나 박테리아가 아닌 변형 단백질이 병의 원인이 된 일은 이제껏 없
었기 때문에 이 병이 밝혀지는 데 그렇게 시간이 걸렸던 것이다. 감
염된 동물의 뇌나 척수, 신경조직에는 프리온이 있기 때문에 광우병
에 걸린 소고기를 먹거나 만지기만 해도 사람에게 전염된다. 인간
광우병 환자들은 말이 어눌해지고 판단력, 기억력이 흐려진다. 팔다
리 근육이 무기력해지고 몸무게가 갑자기 준다. 그리고 결국 몇 개
월 사이에 사망한다. 이러한 증상은 노인성 질환인 치매와 비슷하지

만 외국에서는 10대, 20대 젊은이들도 인간 광우병으로 사망한 사례가 많다.

우리나라에는 아직 인간광우병 환자가 없다고 알려져 있다. 하지만 미국에서도 치매(알츠하이머)로 진단 받아 투병 중이거나 사망한 사람 중 8~13%가 실제로는 인간 광우병일 것이라고 추정한다. 뇌 조직을 검사하거나 부검을 하지 않는 이상 정확한 병명을 알 수 없기 때문에 우리나라에 한 명도 감염자가 없다고 자신 있게 말하기 어렵다. 프리온은 아주 높은 온도에서도 파괴되지 않고, 방사능으로도 사라지게 할 수 없으며 포름알데히드로 살균해도 소용이 없다. 감염된 소나 양을 키우던 방목장의 흙에 묻어 있어도 수년간 죽지 않고 살아남아 감염을 일으킨다. 그러나 당시 사람들은 프리온 질병에 대해서 알지 못했기 때문에 육식 동물인 밍크에게 죽은 동물을 갈아 만든 사료를 주었던 것이다.

그런데 인간이 저지른 실수는 여기서 한 걸음 더 나아간다. 초식 동물인 소에게도 이런 종류의 사료를 먹인 것이다. 충격적이지만 이것은 사실이다. 80년대 영국의 축산업자들은 젖소가 우유를 더 많이 생산하게 하려고 단백질을 주었다. 처음에는 대두, 콩으로 만든 사료를 먹였지만 당시 영국은 대두를 수입에 의존했다. 대두 가격이 올라가자 사료값이 올라가고 업자들은 더 싼 사료를 찾았다. 그래서 대두를 대신한 것이 육골분 사료였다. 출처를 알 수 없는 각종 동물의 시체를 가져다가 만든 값싼 사료를 젖소들에게 먹이기 시작했다.

그로부터 5년 정도가 지난 뒤, 영국 전역에서 소들이 난폭해지고 제대로 서 있지 못하는 증상을 보이기 시작한다. 광우병이 5년의 잠복기를 거쳐 나타난 것이다.

TV등 매체를 통해 광우병의 실체가 드러나자 당연히 영국 국민들은 분노했다. 1989년 당시 영국 농산부 장관이었던 존 거머는 네 살 먹은 자기 딸과 함께 TV에 출연해 소고기 햄버거를 먹었다. 이것은 일종의 정치적 퍼포먼스였다. 국민들을 진정 시키고 소고기 축산농가가 타격을 입지 않게 하기 위한 정부의 제스처였다. 농산부 장관은 어린 딸까지 동원하여 국민들의 불안을 잠재우려 했지만 광우병은 그런 눈가림으로 넘어갈 수 있는 문제가 아니었다. 이후 수십만 마리의 소들이 폐사되었고 영국에서만 160여 명 이상이 인간 광우병으로 사망했다.

광우병의 기원을 얼핏 탐정의 사건 보고서처럼 긴박감 있고 밀도 있게 다룬 책 『얼굴 없는 공포, 광우병 그리고 숨겨진 치매』에는 광우병을 "우리가 매일 섭취하는 육류와 우리가 밟고 있는 흙과 그 안에서 사육되는 동물들 사이를 유영하는 유령 같은 존재"라고 정의했다. 그렇다. 광우병은 육식을 탐하며 가축을 생명으로 대하지 않는 인간에게 내린 저주이며, 우리를 공포에 질리게 하는 유령이다.

여기에서는 광우병을 중점적으로 다루었지만 사실 질병, 그중에서
도 전염병은 인류에게 자연재해 이상의 재앙이다. 통제할 수 없는
불행한 일이 대규모로 인류 전체를 위협하지만 우리는 그것에 대비
할 수 없다. 또 그것의 실체조차 파악하지 못하고 당하는 경우가 대
부분이다. 그러한 까닭으로 인간과 동물의 다양한 관계에서 전염병
은 아주 중요한 함수, 변수로 작용한다. 한 종에 기생하는 바이러스
는 어떠한 생물학적인 기제를 통해서 다른 종을 감염시킬 수 있다.
이것을 이종감염異種感染이라고 한다. 소가 걸리는 결핵이나 브루셀
라 같은 병도 언제든 인간에게 옮을 수 있다. 사스SARS로 알려진 급
성호흡기증후군의 원인균인 코로나 바이러스는 처음에는 닭에서 발
견되었지만 돼지 등에게도 장염, 호흡기 증상을 일으키고 사람에게
도 위험하다. 많은 수의 전염병, 아니 거의 대부분의 전염병은 동물
로 인해 유발된다. 눈에 보이지 않는 미생물 바이러스는 아주 빠르게
진화하고 아종을 만든다. 특정 종의 동물에 유행한 전염병이 금세 사
람에게도 치명적인 전염병으로 변하는 것은 바이러스의 그러한 특성
때문이다. 이종감염은 사람과 그밖의 다른 종들이 한데 어우러져 있
는 공간일수록 바이러스의 전이가 잘 일어난다. 중국 광둥성이 대표
적인 지역으로 1975년 크게 유행한 아시아 독감과 1968년에 유행한

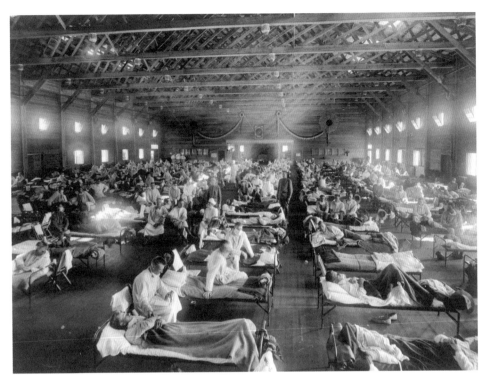

1918년에서 1920년 사이에만 전 세계에서 5,000만 명에 가까운 사망자가 발생한 스페인 독감은 지금까지 인류가 겪은 가장 큰 전염병이었다.

홍콩독감, 최근 발생한 조류 인플루엔자도 이곳이 그 진원지였다. 광둥성 수도인 광저우 외곽에는 거대한 규모의 동물 시장이 있다. 그곳에서는 고양이와 개뿐 아니라 양서류, 조류, 어류, 파충류 등 가지가지 야생동물이 넘쳐난다. 이러한 공간에서는 새로운 인플루엔자 아형들이 종과 종 사이를 오가며 놀라운 속도로 진화하고 이들은 오늘날 잘 발달된 교통망을 타고 전 세계로 쉽사리 퍼진다.

우리가 흔히 에이즈^{AIDS}라고 알고 있는 병의 원인인 HIV 바이러스도 아프리카 등지에서 야생동물로부터 직접 인간에게 전파되었다는 가설을 확인하는 연구가 한창이다. 지금까지 밝혀진 바로는 HIV는 두 종류이다. 첫 번째 바이러스는 최소 세 번, 두 번째 바이러스는 최소 일곱 번에 걸쳐 동물에서 인간에게 옮겨졌는데, 일부 학자들은 인간과 야생동물의 직접 접촉―고기를 먹거나 애완동물로 기르는 과정에서 감염되는 등―을 통해 전해졌을 것으로 믿고 있다. 지금도 아프리카에서는 민간인들이 원숭이나 고릴라, 침팬지 등을 밀렵하여 식용으로 판다. 만약 연구자들의 주장이 사실이라면 필연적으로 동물의 피와 체액, 고기와 접촉하는 도축자와 고기를 사고파는 사람들 모두가 HIV의 먹잇감이다.

조류인플루엔자는 아직 그 바이러스에 대한 것이 별로 밝혀지지 않았다. 과학전문 주간지 『네이처』에 따르면 조류인플루엔자는 이제 사실상 퇴치할 수 없는 수준에 이르렀다고 한다. "H5N1(조류인플루엔자 바이러스)는 이제 아시아 가금류의 풍토병으로 자리를 잡았다. 놈은 확고한 생태적 지위를 구축했고, 이를 발판으로 아주 오랫동안 인류에게 대유행병의 위협을 가할 것이다."

맨 처음 이 병이 확인된 것은 1997년 홍콩이었다. 물새에서 인간으로 전이된 바이러스는 18명을 감염시켰고 그 가운데 6명의 생명을 앗아갔다. 홍콩 시는 가금류를 긴급히 살처분했지만, 바이러스는 지하로 잠복했다. 그리고 2003년 조류인플루엔자는 중국과 동남아 전역에 대규모로 등장했다. 다시 등장한 H5N1은 닭과 인간 모두에게 치명적인 쪽으로 바뀌었다. 지금 단계에서도 조류인플루엔자는 치사율이 2/3로 몹시 위험하지만, 앞으로 변이를 통해 인간 대 인간 감염이 가능한 바이러스로 바뀐다면 인류의 미래를 위협할 커다란 위험이 될 것이다.

토끼와
마스카라

외국에서 생산되거나 수입된 화장품이나 목욕 용품 중에는 이런 문구가 들어간 제품들이 간혹 있다. 'Against Animal test'. 본 회사의 제품은 동물실험을 하지 않는다는 뜻이다. 'Animal tested' 라고 되어 있으면 반대로 동물실험을 거친다는 뜻이다. 우리나라에도 최근 '윤리적 소비' 에 대한 관심이 높아지면서 동물실험을 하는 회사 명단이 공개되고 이들 회사에서 만드는 제품을 사지 말자는 운동이 네티즌 사이에서 일어나고 있다. 우리 사회에서 동물실험 문제에 대한 관심이 아주 높은 것은 아니지만, 이는 지금 꼭 필요하고 반드시 이야기 되어야 할 윤리적인 문제이다.

내가 매일 바르고 쓰는 로션, 샴푸 등이 동물실험을 거친다는 사실이 낯선 사람도 있다. 그러나 동물실험은 이미 광범위하게, 다양한 분야에서 이루어지고 있다. 대형 병원과 제약회사는 물론이고 대학에 딸린 각종 연구 시설과 연구 기관, 화장품과 같은 생활화학제품을 생산하는 기업, 식품 회사, 축산 농장, 군사 무기 실험실 등에서는 지금 이 시간에도 동물실험을 하고 있으며 실험에 필요한 동물을 자체적으로 기르거나 번식시키기도 한다. 전문적으로 실험동물을 생산, 납품, 관리하는 회사들도 있다. 유인원이나 희귀 야생 동물들이 필요할 경우에는 야생에서 붙잡아오기도 한다. 길을 떠도는 주인 없는 개나 고양이들을 가두어 둔 임시 보호소에서 데려오기도 한다.

위의 그림은 유럽에서 동물실험을 하지 않은 제품을 나타내는 로고이다. 나는 이 그림을 보면서 어떤 이미지가 바로 떠올랐다. '눈 자극 실험'을 당하는 토끼다. 토끼의 온몸을 고정한 채 토끼 눈에 실험을 하는 방법으로 1940년대에 드레

이즈라는 사람이 고안했다고 한다. 지금도 동물실험이라고 하면 꼼짝 못하고 속박되어서 눈이 충혈된 토끼 사진이 바로 떠오를 정도로 이 이미지는 동물실험의 상징처럼 되었다. 특히 여성들이 속눈썹을 길고 풍부하게 보이게 하려고 바르는 화장품 마스카라 테스트가 유명하다. 속눈썹에 이것을 바르면 안구로 들어갈 가능성이 높기 때문에 안전성 테스트를 위해 토끼 눈에 약 3,000회 정도 마스카라 성분을 집어넣는다. 토끼 눈은 충혈되거나 괴사, 심한 경우는 실명된다.

전 세계적으로 실험 대상이 되는 동물은 무척추동물부터 물고기, 개, 원숭이, 토끼, 유인원까지 다양하다. 위키피디아에 따르면 2008년 한해 미국에서만 8천만 마리가 동물실험의 대상이 된 것으로 추정된다. 우리나라는 연간 500만 마리 이상 된다. 그중 80% 이상은 쥐이고, 토끼, 햄스터 등의 작은 포유류나 개들이 나머지를 차지한다. 인기가 많은 애완견이며 만화에서 '스누피' 캐릭터로도 등장하는 비글 종 개들 역시 훈련시키기 좋고 사람을 잘 따른다는 점 때문에 실험동물로 자주 쓰인다.

동물실험의
잔혹한 역사

동물실험은 과학, 특히 의약 분야의 발달과 함께 이루어졌기 때문에 극히 최근의 일이라고 생각하기 쉽다. 그러나 동물실험의 역사는 2세기 로마로 거슬러 올라간다. 로마의 의사였던 갈레노스는 인간의 몸을 직접 들여다보고 싶었다. 하지만 당시에는 로마 주교 등이 종교적인 이유를 들어 시체 해부를 금지했다. 그래서 갈레노스는 사람 대신 염소, 돼지, 원숭이를 해부했다. 그는 동물을 해부한 자료와 사람을 관찰한 결과를 토대로 여러 편의 논문을 썼다. 갈레노스는 말하자면 생체 해부학의 시조인 셈이다. 생체 해부는 언뜻 매우 과학적이고 꼭 필요한 절차인 것처럼 여겨지지만 관점을 달리해서 보면 별다른 성과도 없는 일을 위해 생명을 죽이는 일이다. 여러분도 개구리나 닭, 돼지를 해부하는 것이 생물학적인 지식을 쌓는 데 꼭 필요한 일이라고 생각하는가? 하지만 그것은 내가 개구리나 닭이 아니라 해부를 하는 사람의 입장이기에 가능한 것이다. 내가 해부 대상인 동물이라도 같은 생각을 할까? 누군가의 학습, 또는 연습을 위해서 스스로 생명을 버리고 싶은 사람은 아무도 없다. 의사표현을 할 수 없다 뿐이지 동물들도 그런 목적을 위해 배가 갈리고 내장이 드러나기를 원하지 않는 것은 마찬가지이다.

게다가 갈레노스가 동물 해부를 근거로 펼친 학설에는 오류가 있었다. 그는 사람의 몸에는 네 가지 체액이 중요하다고 믿었다. 그는 정맥과 동맥이 연결되었다는 사실도 몰라서 서로 단절되어 있다고 주장했다. 혈관들은 뇌와 직접 연결된 것으로 묘사했다. 그가 해부한 동물들에서는 그러했지만 인간의 뇌는 그렇지 않았던 것이다. 이처럼 갈레노스의 주장에는 오류가 있었고, 그가 굳이 동물실험을 하지 않았어도 추론하고 알 수 있었던 것들이 왜곡된 셈이다. 하지만 동물실험을 옹호하는 사람들은 그의 논문을 종종 인용하며 신성하게 여기기까지 한다. 동물실험이 과학의 신빙성과 예측 가능성을 높인다는 신화가 여기에서 출발하기 때문이다.

다행히 13세기에 이르러 몬디노 드루찌가 인체 해부학 교과서라 할 수 있는 책을 펴냈다. 당시에도 종교의 권위가 막강했기에 사회적인 저항은 만만치 않았지만. 1543년 벨기에의 해부학자이자 의사인 베살리우스는 인체를 해부했고 갈레노스의 글이 잘못되었음을 밝혀냈다. 베살리우스 덕분에 인간의 몸을 알기 위해서는 다른 동물의 몸을 파헤치는 것보다는 인간의 시체를 보는 것이 정확하다는 견해가 널리 퍼졌다. 르네상스 시기에는 그런 믿음이 대세였다. 과학이라는 이름으로 쓸데없이 산 동물을 죽이는 일은 사라지는 듯 보였다.

그런데 19세기 중반 프랑스의 생리학자인 끌로드 베르나는 동물실험을 다시 유행시켰다. 그는 인간이 앓는 어떤 질병을 파악하기 위해 동물에게도 재현해야 한다는 논리를 펼쳤다. 과학계는 그 방법이 매우 그럴싸하다고 생각했고 그래서 인간을 관찰하는 것보다 훨씬 신뢰할 만하다고 믿게 되었다. 베르나 자신은 동물실험이 자신의 연구에 꼭 필요하다고 생각했고 동물이 울부짖거나 피를 흘리는 것은 학문의 발전을 위해 당연한 것이라 여겼다. 그의 잔혹함에 진저리를 치다 못한 그의 부인과 딸은 동물들을 보호하는 인도적인 단체를 만들기까지 했다. 심지어 그의 제자 출신인 조지 호건 박사는 1875년 영국 최초의 반-생체해부 모임을 설립했다. 모닝 포스트지는 그의 말을 이렇게 인용한다.

"우리는 매일 개 두세 마리와 토끼, 그리고 그밖의 다른 동물을 희생시켰다. 그렇게 4년을 보낸 나는 어떠한 동물실험도 정당화되거나 필수적일 수 없다는 것을 깨달았다. 쓸모없이 그리고 비윤리적으로 불쌍한 동물들에게 헤아릴 수 없는 고통을 가하고 고작 대가로 얻는 것이 동시대의 과학자들에 뒤처지지 않거나 그들을 능가하는 것이라니……. 인간의 선에 대한 개념은 아예 이야깃거리도 되지 않으며 비웃음거리가 될 뿐이다."

베르나 이후에도 루이 파스퇴르와 로버트 코흐 등 19세기의 유명한 과학자들이 생체해부 실험을 실행하고 지지하면서 동물실험과 과학은 더욱 밀접한 것으로 인식되었다. 루이 파스퇴르는 사실상 의사가 아니라 세균학자였고 그가 인류에게 남긴 위대한 업적은 피임법, 광견병 예방접종, 질병세균설 이 세 가지이다. 그러나 이 세 가지 가운데 어느 것도 동물실험의 성과가 아니었는데도 사람들은 그의 업적이 동물실험 덕에 가능하다고 믿었다. 역시 유명한 세균학자였던 로버트 코흐는 일명 '코흐 가설'이라는 세균설을 발표하였고 일련의 동물실험으로 가설을 입증했다. 그러나 최종적인 결과만 놓고 보았을 때 그가 동물실험을 통해 얻은 결과들은 인간에게 그대로 적용할 수 없으며 그릇된 것이었다. 코흐가 한 말 가운데에서도 동물실험의 위험성을 언급한 것을 찾을 수 있다.

"인간의 결핵과 동물의 결핵은 비록 같은 미생물에 의해 원인이 제공되었다 해도 '전혀 다르다.' 상대적으로 동물의 병은 특성상 단순하고 병의 진행 과정을 상당 부분 예측할 수 있다. 반면, 인간의 경우에는 병세가 훨씬 더 복잡하다. 따라서 우리는 실험실 동물에게 효험이 있는 약이 마찬가지로 인간에게도 효험이 있으리라고 추정해서는 안 된다."

코흐는 세상을 떠나기 직전 다시 한 번, 동물실험의 결과를 인간에게 그대로 적용해서는 안 된다고 입장을 밝혔다. 그러나 과학자들은 여전히 동물실험을 가장 중요한 연구 방법으로 숭배했다.

1937년 미국에서는 동물실험을 더욱 확고하게 만든 결정적인 사건이 있었다. '설파닐아미드'라는 항생제를 먹고 그 부작용으로

윤리적인 이유로 동물실험에 반대하는 목소리가 높아짐에 따라 기업들은 점차 동물실험을 하지 않은 제품을 생산하려는 노력을 기울이고 있다.

107명의 사람이 죽었던 것이다. 그리고 그들 대부분은 어린이였다. 미국 국민들은 큰 충격에 빠진다. 위험이 검증되지 않은 신약은 출시하기 전에 반드시 동물실험을 거쳐야 한다는 여론이 형성된다. 동물실험이 이런 끔찍한 부작용을 막는 안전장치가 될 거라는 믿음이 널리 퍼진다. 그리하여 미국 의회는 1938년 음식물, 의약품, 화장품 관련 법안을 통과시켰는데 그 내용은 의약품 제조업자는 약물이 안전하다는 증거를 반드시 제시해야 한다는 것이었다. 업자들은 동물실험 자료를 안전성을 증명하는 수단으로 이용했다.

그리고 마침 제2차 세계대전이 일어난다. 미국 정부는 하루빨리 전쟁터에 약을 보내야 했다. 항생제와 백신이 필요했고 제약 산업은 활기를 띠었다. 제약 회사들은 시장성이 있다 싶으면 모든 물질에 달려들어 약품을 개발했고 조금의 가능성이라도 보이면 즉시 동물을 대상으로 실험을 했다. 실험동물에 부작용이 나타나지 않거나 죽지 않으면 바로 인간을 대상으로 임상실험을 했다. 임상실험 대부분은 아주 간단하게 축소되어 이 과정에서는 부작용의 가능성을 짚어 보기 힘들었지만 제조업자들은 아무도 신경 쓰지 않았다. 전쟁 중이라는 긴급 상황에 이런 식으로 밀어 붙여 만든 대부분의 약물은 특허권을 얻었다. 특허를 받으면 7년 간 독점 판매를 할 수 있으므로 제약회사들은 그 기간 동안 돈을 엄청나게 벌어 들였다.

이렇게 날림으로 약을 개발하고 위험성을 막을 그물이 허술했으니 이미 비극은 예고된 것이나 다름없었다. 그 대표적인 의약품 부작용이 바로 '탈리도마이드' 이다. 탈리도마이드는 속이 거북할 때 먹거나 진통제로 쓰이는 약이었다. 그런데 이 약을 먹은 수백 명의 임산부들이 기형아를 낳았다. 팔다리가 아예 없거나 몸통에 붙은 기형아가 태어난 것이다. 1956년 처음으로 이런 사례가 나타났지만 1957년 탈리도마이드는 상관없이 상품화 되어 시판되었다. 과학자들은 탈리도마이드와 기형아 출산의 인과관계를 증명하기 위해 동물실험을 했다. 그러나 동물실험에서는 아무런 문제도 나타나지 않았다. 인간에게 투여한 분량의 25~300배 분량을 투여한 뒤에야 토끼가 병에 걸렸다. 원숭이에게 정상 분량의 10배를 투여한 뒤에야 기형 새끼를 낳았다. 결국 1만 명 이상의 기형아가 태어난 뒤에야 1962년 탈리도마이드가 리콜 조치되었다. 이런 비극적인 일을 겪고 우리가 얻어야 할 교훈은 분명하다. 제아무리 동물실험을 많이 거친다 해도 탈리도마이드 같은 재난을 막을 수는 없다는 것이다. 동물은 인간과 다르기 때문에 질병이 어떻게 개체에 침투하고 병으로 발현하는가는 저마다 다르다. 따라서 동물실험을 거친다고 인간이 안전할 수 있는 것은 아니며 동물실험의 결과를 인간에게 적용 시키는 것은 매우 위험하다.

동물에게는 효력이 없거나 위험한 약물이 인간에게 유용한 물질로 밝혀진 사례도 있다. 1929년 알렉산더 플레밍은 세균 배양접시에서 페니실린이 박테리아를 죽인다는 것을 알아냈다. 그래서 토끼를 가지고 실험을 했으나 토끼에게는 페니실린이 효과가 없었다. 나중에 밝혀진 사실이지만 토끼는 페니실린을 오줌으로 배출한다. 효능을 발휘하기도 전에 배출되는 것이다. 플레밍은 매우 실망했고, 페니실린이 효능이 없다고 생각해서 연구를 중단한다. 이후에 우연히 아주 심각한 상태의 환자를 만났는데 더 이상 치료 수단이 없었기에 페니실린을 투여했고 이 일을 계기로 페니실린은 세상에 알려질 수 있었다. 알다시피 페니실린은 인류 최초의 항생제이며 플레밍은 페니실린을 발견한 공로로 동료들과 함께 노벨상을 받는다. 만일 토끼 실험의 결과만 놓고 본다면 수많은 사람을 살린 귀중한 항생제는 나올 수 없었다. 한 가지 사실을 더 말하자면, 페니실린이 인간에게는 질병을 치료하는 약이지만 임신한 쥐의 몸에 들어가면 기형 새끼가 태어난다는 것이다. 동물실험 데이터를 인간에게 그대로 적용해서는 안 된다는 것을 보여주는 예는 탈리도마이드 외에도 셀 수 없이 많다. 지사제 클리오퀴렐, 관절염 치료제 오프렌, 심장병 치료제 에랄딘 들이 그것이다.

동물실험을 자신들의 이익을 위해 교묘하게 이용한 집단으로 담배 회사를 들 수 있다. 1950년대 미국의 담배 회사들은, 동물실험 결과 담배 연기와 폐암은 무관하다고 주장했다. 따라서 흡연과 폐암은 관련이 없다고 외쳤다. 동물들은 담배를 물고 피우지 않는다는 것이 이 실험의 허점이었다. 담배 연기를 맡는 것만으로는 니코틴 중독이 되기 힘들고 동물들이 폐암에 걸릴 가능성은 현저히 떨어졌다.

의학계와 과학계는 아직까지도 동물실험을 절대적인 것으로 여긴
다. 동물실험을 거부하거나 문제를 제기하는 사람은 아직 소수이고,
동료들의 비웃음을 각오해야 하는 분위기이다. 그러나 분명 그러한
목소리는 점점 커지고 있다. 예를 들자면 두 사람의 뛰어난 미국인
의사인 레이 그릭과 진 스윙글 그릭이 그런 사람들이다. 그들은 『탐
욕과 오만의 동물실험』이라는 책을 통해 의사로서 명예와 신념을 걸
고 동물실험이 부당하고, 위험하다는 것을 고발했다. 그들의 주장은
간결하고 명확하다. 동물실험이 꼭 필요하다는 것은 맹신이고 세뇌
된 개념이라는 것이다. 동물실험을 통해 인간의 질병을 퇴치하는 치
료법을 개발했다는 것 자체도 거짓말이라는 것이다.

그리고 동물실험을 통해 얻은 실험 결과를 인간에게 그대로 적용
하는 것은 인간에게 해롭다는 것이 두 번째 주장이다. 지금껏 동물
실험에 쏟은 돈, 그리고 그것이 꼭 필요하다고 사람들을 오도하는
데 쓴 돈과 노력을 다른 데 투자하는 것이 더 낫다고도 말한다. 환자
를 관찰하거나 임상 연구하는 것, 또는 인간의 조직을 배양하는 것
이 훨씬 인간에게 유익하고, 유용한 연구이다. 시체를 부검하고 연
구하는 것이, 살아 있는 동물을 실험용으로 사육하고 살해하고, 실
험 후에 안락사 시키는 것보다 훨씬 과학적이며 윤리적이다.

우리나라도 2007년 동물보호법 개정 이후 동물실험을 행하는 거의 모든 기관이 의무적으로 윤리위원회를 설치하도록 바뀌었다. 아직 현장에서는 형식적이고 행정적인 의무 조항처럼 여겨지지만 그나마 이런 법이 자리 잡은 것은 확실히 긍정적이다. 우리나라 동물보호법 제13조에 따르면 동물실험은 3R의 기본원칙을 지켜야 한다. 1959년 영국의 동물학자 윌리엄 러셀과 미생물학자 렉스 버치가 펴낸 『자비로운 실험 기법의 원칙』이라는 책에 나오는 3R 원칙은, 각각 대체replacement, 축소reduction, 섬세함refinement을 뜻한다. 대체란, 가급적 동물실험 대신 다른 방법을 찾아보라는 뜻이다. 축소는 가급적 실험동물의 수를 최소한으로 하라는 뜻이다. 섬세하게 하라는 것은, 어쩔 수 없이 동물실험을 해야 하는 경우라면 실험동물이 고통을 가급적 느끼지 않도록 실험 방법을 정교하게 하고 필요한 수단과 시설을 갖추라는 것이다. 이는 우리 인간들이 다른 동물에게 갖추는 정말 최소한의 예의일 것이다.

함께, 평화롭게
- 그리고 미래

chapter 6

법정에 선 도롱뇽

　　2003년 10월 15일 부산지방법원에서 사람들의 관심을 끌 만한 소송이 있었다. 천성산 도롱뇽이 원고가 되고 자신들의 도롱뇽의 대리인 '도롱뇽의 친구들'이라고 칭하는 이들이 나서서 천성산을 꿰뚫는 경부고속철도 건설을 중단하라는 가처분 신청을 낸 것이다. 사람이나 단체, 기관이 아닌 '도롱뇽'이라는 동물이 소송을 제기했다는 것이 놀랍고 신기하지만, 사실 세계적으로 자연물 소송은 선례가 많다.

　　일본의 '우는토끼 소송'은 무려 30년을 끌어 왔고 1999년 마침내 승소했다. 우는토끼는 새앙토끼, 또는 쥐토끼라고 불리는 조그마한 토끼인데 깩깩 하고 새와 비슷한 소리를 낸다하여 우는토끼라는 이름이 붙었다. 이 사건의 내용은 일본 가고시마현 아마미오오시마 골프장 개발 계획과 관련해서 지역 환경 단체 사람들이 '우는토끼'

를 대신하여 현 지사에게 개발 허가를 무효로 해 달라는 소송을 제기한 것으로 결국 골프장 개발 계획은 철회되었다.

1996년 미국의 대리석무늬 바다오리 사건은 위기종보호법 상 위기종으로 분류된 대리석무늬 바다오리를 대신하여 EPIC라는 기관이 목재 회사를 상대로 낸 소송이다. 대리석무늬 바다오리는 해안 근처의 삼나무와 미송이 자라는 숲에 살고 있었는데 한 목재 회사가 이곳을 벌목하려 하자 이를 막으려 했던 것이다. 이 소송도 바다오리 생존을 위협할 수 있으므로 벌목을 해서는 안 된다는 판결로 끝을 맺었다.

도롱뇽에게
생명의 가치를 묻다

20세기 중반에 접어들면서 환경에 대한 관심이 높아지고 환경 피해 관련 소송이 늘었다. 그 과정에서 동물을 포함한 자연물이 원고가 되어 제기되는 소송이 나오게 된 것이다. '도롱뇽의 친구들'이 터널 공사를 반대한 이유 가운데 하나는 고속철도를 위해 천성산에 터널을 뚫는다면 배수로 설비 등이 들어오면서 지하수의 흐름이 심각하게 왜곡되기 때문이다. 특히 천성산은 세계적으로 희귀한 고층 늪지 지형이다. 22개의 습지ㆍ늪이 있고 계곡도 12곳이나 된다. 이렇게 습지, 계곡 등 다양한 수서 생태계가 있는 곳이니 인위적으로 배수로 공사를 하면 이 다양성이 파괴될 것이 뻔하다. 터널의 규모도 국내에서 가장 긴 13.17킬로미터에 이르는 것이라 공사의 규모와 생태계에 미칠 파장은 더욱 크다. 또한 천성산에는 꼬리치레도롱뇽 외에도 황조롱이, 수달, 꼬마잠자리, 솔나리 등 11종 이상의 천연기념물과 19종 이상의 환경부 지정 법적보호종이 살고 있다. "터널 공사로 산이 망가지면 어쩌나 하는 소박한 걱정"에서 시작된 소송이었으나 그 파장과 문제의식은 소송 기간, 그리고 소송이 끝난 다음에도 커져만 갔다.

천성산에 사는 도롱뇽은 '꼬리치레도롱뇽'이다. 영어명이 'korean clawed salamander'인 것에서 알 수 있듯 한반도를 중심으로 중국 북동부와 시베리아에만 서식하는 양서류이다. 어른 손가락만 한 몸통에, 몸통만큼 긴 꼬리가 달려 있는데 툭 불거진 눈과 가느다랗고 매끈한 몸이 귀엽게 보인다. 몸 전체는 갈색을 띠고 역시 온몸에 노란 점이 퍼져 있어서 다른 도롱뇽과 쉽게 구분된다. 거미, 지렁이 등 작은 곤충과 물이끼를 먹고 산다. 10여 년 전만 해도 전국적으로 흔히 볼 수 있었지만 농약으로 하천이 오염되어 먹이가 줄고, 산마다 등산로가 개발되어 사람의 발길이 닿으면서 개체수가 확연하게 줄었다.

산에 차로가 뚫리거나 인공적인 수로를 건설하면 도롱뇽의 서식지가 고립된다. 도롱뇽이 산의 넓은 지역 이곳저곳으로 이동하지 못

세상을 바꾼 동물

하고 좁은 지역에 한정되다 보면 근친교배가 늘고 유전적 다양성이 확보되지 못해서 생존이 더욱 불리해진다. 그래서 꼬리치레도롱뇽은 환경지표종이라고도 불린다. 환경지표종이란, 깨끗하고 생태적으로 건강한 곳에서만 사는 생물종이다. 따라서 그 생물종이 살고 있다는 것은 그곳이 청정지역이라는 뜻이 되기에 '지표地表'라고 한다. 녹색연합이 2003년 전국 4대강 발원지 서른여덟 곳을 조사한 결과 꼬리치레도롱뇽은 여름철 평균 기온이 섭씨 11~14도로 유지되며 녹지등급 8~10등급, 생태자연도 1등급의 극상림極相林★에서만 발견되었다. 인공적으로 숲을 조성한 곳의 계곡에는 살지 않는 등 서식 조건이 매우 까다롭기 때문에 하천 최상류 생태계를 관리하는 데 꼬리치레도롱뇽이 매우 중요한 지표가 된다.

　소송만 놓고 보면 도롱뇽 재판은 진 싸움이다. 공사를 중단하게 해 달라는 소송은 기각되었고 공사는 계속 진행되어 결국 2010년 천성산을 관통하는 터널(원효터널)이 뚫렸다. 하지만 도롱뇽 소송 사건이 비록 법률적으로는 졌다 하더라도 그 과정에서 보여 준 여러 가지

★　그 지역의 기후 조건에서 극상에 이르렀다고 간주되는 숲. '극상'이란 일정 지역의 식물 군락이 계속해서 변하다가 그 기후 조건에서 장기적으로 안정적인 생태계를 이룬 상태를 말한다.

노력들은 그 자체로 의미가 있다고 생각한다. 지금까지 오로지 인간 중심적인 시각에서 이루어진 환경 소송에 새로운 방향을 제시했다. 무분별한 개발이라도 국책사업이라면 그 자체로 용납되고 경제적인 목적을 위해서는 환경이나 생태적인 가치는 2차적인 문제로 치부해 버리던 기존의 관행을 되돌아보고, 여러 사람들에게 인간이 아닌 다른 생명의 가치를 생각하게끔 했다는 데 의의가 있다. 꼬리치레도롱 뇽이라는, 이름도 낯설었던 한 생물이 인간의 편의 때문에 죽거나 사라지는 것이 옳으냐 하는 윤리적인 문제를 제기한 셈이다.

참으로 부러운 일이지만 다른 나라에서는 법적으로 자연의 권리를 명문화한 경우도 있다. 2008년 에콰도르 헌법은 자연의 권리를 명문화했다. 자연의 생물이 영구히 생존하고 번식하고 진화할 권리를 가지며, 국가가 이에 따른 의무를 수행하지 않을 경우 해당 생물을 대리하여 시민이 소송을 제기할 수 있도록 했다. 볼리비아에서도 역시 자연을 대하는 인식 자체를 진보시켰다. 2011년 5월 볼리비아는 '어머니-지구 법'이라는 법에서 생존할 권리, 인간의 변형으로부터 자유로운 상태에서 진화하고 생명 순환을 지속할 권리, 유전자나 세포가 조작되지 않을 권리, 지역공동체와 생태계의 균형에 영향을 주는 개발계획이나 거대 인프라 건설에 영향 받지 않을 권리, 오염되지 않을 권리 등 11개 항목을 제정했다. 이러한 사례를 참조로 하여 우리나라도 환경과 생태 문제를 좀더 거시적이고 미래적으로 돌릴 필요가 있다. 당장 도로나 터널을 내는 것이 경제적으로 이득이 될 것 같지만 환경과 생태를 무너뜨리고 해친다면 수십 년, 수백 년이 걸려도 복구될 수 없으므로 어쩌면 그것은 경제적으로도 헤아릴 수 없는 손해일 것이다.

환경 파괴로 인한
멸종 위기의 동물들

위에서 동물의 소송 사건을 통해 위협 받는 동물의 문제를 살펴보았다면 이번에는 지구온난화와 동물의 멸종의 관계를 보자. 증기기관의 발명 등을 통해 세계는 급속도로 산업화, 공업화의 길을 걸었다. 그런데 이 기간, 길어야 약 300~400년 동안 인간은 극단적으로 환경을 오염 시키고 천연자원을 고갈시켰다. 석탄이나 석유 등 화석연료는 수억, 수십억 년에 이르러 만들어진 것이다. 그러나 지난 1~2세기 동안 인간은 화석연료를 바닥이 드러나게 써 버렸다.

수십억 년 동안 지구 표면 온도는 사실 거의 변하지 않았다. 그런데 지난 100여 년 사이 지구 평균 기온이 0.6도 이상 올라갔다. 그 기간 동안 공기 중의 이산화탄소 농도도 갑작스레 늘었다. 결국 인간이 산업 활동을 활발히 하고 화석연료를 많이 쓸수록 온실가스가 늘어나고 지구는 뜨거워진다는 의미이다. 불과 10여 년 사이 극지방의 빙하는 녹아내렸고 그 빙하가 녹은 물은 수백억, 수천억 톤이나 된다. 지금 속도대로 북극의 얼음이 녹는다면 2060년에는 북극에서 더 이상 빙하를 볼 수 없다는 전망도 나온다. 빙하가 녹으면 해수면이 올라가 투발루처럼 물에 잠기는 섬이 많아진다.

그뿐이 아니다. 빙하가 녹아서 바닷물이 늘어나도 그 속에 녹아 있는 염분은 그대로라서 바닷물의 염도, 즉 짠기가 옅어진다. 이것은 지구 전체 기후 변화에 영향을 준다. 바닷물의 순환이 제대로 이루어지지 않게 되면서 해류의 흐름이 달라진다. 이는 계절풍, 대륙풍의 흐름에도 영향을 준다. 한류와 난류가 흐르는 주변 대륙의 기후도 달라지면서 지진, 쓰나미와 같은 이상기후 현상이 지구를 강타한다. 극지방의 얼음이 녹으면 또 다른 문제도 발생된다. 얼음이 녹으면 맨땅이 드러나는데, 흙이나 토양은 물보다 더 빨리 데워지고 더 빨리 식는 성질이 있다. 따라서 극지방의 맨땅이 태양열에 노출될 경우 지구온난화가 더 가속화될 거라고 과학자들은 이야기한다.

이처럼 20세기 들어서 가속화된 환경오염 때문에 수많은 생물이 멸종되었고, 멸종될 위기에 놓여 있다. 지구온난화로 인해 직접적으로 멸종 위기에 있는 대표적인 동물은 바로 북극곰이다. 북극곰을 비롯한 극지방 생물들은 환경 위기의 상징처럼 인식될 정도이다. 지구온난화로 북극의 빙하가 아주 빠른 속도로 녹고 있기 때문에 이로 인해 북극곰의 서식 환경도 악화되고 있다. 북극곰은 북극고래 다음으로 덩치가 큰 북극 동물로 키가 2~3미터에 이른다. 이렇게 몸집이 크다 보니 먹을거리가 문제인데 본래는 물개나 바다표범, 물고기,

세상을 바꾼 동물

바다표범이나 물고기를 주로 먹는 북극곰은 환경 파괴와 포획으로 인해 20세기 들어 멸종 위기에 처했다.

순록 등을 사냥한다. 하지만 요즘은 물개나 바다표범의 개체수가 눈에 띄게 줄었다. 이들도 얼음 위에서 살기 때문에 얼음이 녹고 사라지자 얼음을 찾아 점점 더 북쪽으로 이동하는 추세이다. 북극곰도 역시 얼음이 없으면 사냥을 하거나 쉴 곳이 없어서 곤란하다. 최대 25킬로미터까지는 헤엄을 치며 건널 수 있지만 그 이상의 거리는 힘들다. 얼음이 없어 사냥하던 북극곰이 물 밖으로 나오지 못하고 탈진해서 익사하는 일도 점점 늘고 있다. 얼마나 먹을 것이 없는지 수

컷이 암컷을 잡아먹는 일까지 있다고 한다. 극지방에 사는 인간의 거주지에 나타나 쓰레기통을 뒤지거나 집 안까지 들어와 음식을 훔쳐 먹기도 한다. 영양실조에 걸려서 덩치도 크지 않고 새끼도 많이 낳지 못한다. 새끼를 낳아도 역시 먹을 것이 없어서 오래 살지 못한다. 그야말로 멸종될 수밖에 없는 악조건에 놓인 것이다.

사라져 가는 동물은 비단 북극곰만이 아니다. 주변에서 흔하게 볼 수 있는 새, 조류들도 위협을 받고 있다. 예를 들어 철새의 한 종류인 두루미. 두루미는 예로부터 '학' 이라는 한자 이름으로 불리며 그림에도 자주 등장하는 친숙한 새이다. 500원짜리 동전 앞면에도 날개를 활짝 펴고 날아가는 늠름한 두루미의 자태를 볼 수 있다. 그런데 이런 두루미도 손에 꼽히는 멸종위기 동물이다. 이제는 두루미가 살 수 있는 우거진 늪이나 습지가 없고, 그들이 좋아하는 먹잇감도 줄었기 때문이다.

우리가 누리는 생활의 편의, 물건들 때문에 사라지는 동물도 있다. 현대인의 필수품이 되어 버린 휴대폰, 이것 때문에 놀랍게도 콩고의 고릴라가 죽어간다. 휴대폰이나 컴퓨터, 광섬유 등 첨단기기를 만들려면 주석, 텅스텐, 탄탈, 금 등 네 가지 광물이 꼭 들어가야 한다. 이중 탄탈tantalum은 최근 수요가 급증해서 세계 시장에서 가격이 몇십 배로 뛰었다. 콜탄이 생산되는 아프리카 중부의 콩고는 마침내 내전 중이다. 정부군과 반정부군이 격렬하게 대치 중인데 반정부군은 콜탄을 채취해서 르완다 암시장에 팔아 그 돈으로 전쟁 자금을 조달한다고 한다. 암시장에서 광석을 쉽게 현금으로 교환할 수 있으므로 민간인을 병사로 고용하거나 무기를 계속 사서 댈 수 있다. 그런 까닭에 콩고의 내전은 그칠 기미를 보이지 않는다. 결국, 우리가 최신 휴대폰을 살 때마다 콩고의 전쟁 자금을 대는 셈이 된다. 그런데도 이제는 콩고의 농부들까지 호미를 집어던지고 광산 채굴에 뛰어드는 지경이다. 게다가 콜탄 채취에 눈이 먼 사람들이 카후지-비에가 국립공원의 숲 속까지 파고 들어와 고릴라들이 사는 곳까지 짓밟고 있다. 이제 그곳에는 고릴라가 10여 마리 정도밖에는 남지 않았다. 카후지-비에가 국립공원은 지구상에서 마지막으로 남은 고릴라들의 자연 서식지이다. 사람들을 피해 다니며 간신히 목숨을 부지하는 몇 마리마저 죽는다면 야생 고릴라는 지구상에서 완전히 사라지게 된다.

작은 생명의 외침에 귀를 기울일 시간

동물과 인간이 지금까지 함께 한 기나긴 역사를 돌아보았다. 이제는 인간이 다른 동물을 생명의 동반자로 인식하고 돌보아야 하는 시기가 왔다. 그러한 의미에서 지율 스님이 쓴 글 일부를 인용한다. 지율 스님은 천성산 생명의 고통과 아픔을 함께 예감하며 죽음의 경계를 넘나드는 100여 일 단식도 불사하고, 2003년부터 다섯 차례에 걸쳐 총 240여 일 단식을 했다. 개인적인 이해관계 없이 오로지 순수하고 숭고한 뜻만으로 행한 일임에도 세상 사람들은 입방아를 찧었다. 공사를 중단 시켜서 세금을 낭비하게 하고 어린아이 떼를 쓰듯 단식으로 고집을 부린다고도 했다. 진실을 보려 하지 않고 왜곡된 언론에 현혹된 이들이 하는 말 따위는 바람 같은 것이다. 인간이 인간을 넘어서 동물, 다른 생명까지 자기를 확장 시킬 때 비로소 우리는 이 세계의 일부가 되어 함께 살아갈 수 있다.

"小利와 小我에 국집하여 제1의 계율인 생명 문제의 접근을 포기한다면 우리 마음 밭에 영원히 자비의 종자를 끊는 것이며 스스로 불종자라 이르지 못 할 것이며 대승을 논하지 못 할 것이다.

우리는 지난해 10월 15일, 천성산을 지키기 위한 법률적 대응의 방법으로 천성산에 서식하는 멸종 위기종인 꼬리치레도롱뇽을 원고로 「자연의 권리」 소송을 법원에 제기하였다.

역사적으로 유례가 없는 '양서류의 인간에 대한 권리 요구'라는 점과 '건국 이래 최대의 국책사업'이라고 하는 고속철도 건설 사업을 우리가 미물이라고 부르는 도롱뇽이 막아서고 있다는 것에 사람들은 적지 않은 호기심을 보였다.

그러나 우리는 결코 도롱뇽 소송을 세간의 관심을 끌기 위해 진행하는 것이 아니며 이제 우리 곁에서 영영 사라져 갈지도 모를 작은 생명의 외

세상을 바꾼 동물

침을 통해 그동안 자연과 생명에 대한 배려 없이 극단까지 와 버린 우리의 사회와 문화를 돌이켜 보고 인간 중심으로 기록 되었던 무뢰한 지구의 역사를 모든 생명이 함께하는 조화로운 세상으로 만들어 가기 위해 작은 단초가 되기를 바라고 있다.

천성산의 아픔이 결코 천성산 만의 아픔이 아니며 이 땅에 살아 있는 모든 생명들의 신음 소리이기 때문이다."

진보의 최첨단,
생명권

인류는 상대적으로 짧은 기간 동안 눈부신 문명을 만들고 놀랄 만큼 지적인 활동들을 펼쳐 왔다. 지구의 곳곳에 사람의 손길이 닿지 않은 곳이 없고, 일단 사람의 손이 뻗치면 그곳은 사람에게 적합한 환경으로 급속히 개조된다. 그곳이 어디든 사람은 길을 내고 건축물을 만들거나 땅을 일구어 경작한다. 다리라든가 댐과 같은 거대한 인공물도 거침없이 만든다. 농촌과 어촌은 사람이 비교적 자연 환경과 지형을 살리고 거기에 기대어 사는 형태의 공간이다. 그에 비해 도시는 생태적인 환경과 시스템을 아예 인공적인 것으로 대체한 공간이다. 인간의 문명과 기술력은 거의 지구 대부분의 지역을 변화시켰다. 그 능력과 힘은 감탄의 대상이 되기도 하지만 반-생태적이고, 반-환경적인 부작용도 무시할 수 없다.

그런데 동물의 입장에서 인류 역사를 생각하면 어떤 모습일까?

세 상 을 바 꾼 동 물

인류가 문명, 문화라고 부르는 성과의 대부분이 동물을 착취한 결과라고 말하면 지나친 것일까? 처음에는 인간과 동물의 지위가 크게 다르지 않았다. 인간은 동물을 잡아먹고 때로는 반대로 동물이 인간을 잡아먹기도 했다. 하지만 인간이 동물을 가축화하면서부터 길들이고 길들여지는 관계가 되었다. 쉽게 말해 주종의 관계가 성립된 것이다.

가축이 된 동물은 인간의 보살핌을 받으며 주는 먹이를 받아먹기만 하면 된다. 스스로 먹을 것을 구하지 않아도 된다는 것은 가축이 되면서 얻는 가장 큰 장점이었을 것이다. 또한 인간의 주거지에 함께 살기 때문에 천적에게 잡아먹히거나 공격을 당할 위험도 줄어든다. 대신 가축이 된 동물들은 자유를 포기했고, 인간에게 노동력이나 고기를 비롯한 여러 가지(가죽, 우유, 알 등)를 제공했다.

이처럼 동물의 일부가 '가축'이라는 이름으로 인간과 함께 살게 되자 나머지 동물에 대한 인간의 태도도 달라졌다. 동물은 모두 인간이 부릴 수 있고, 인간을 위해 봉사하고 쓰일 수 있다고 믿게 된 것이다. 이런 믿음은 나아가 극단적으로 인간이 만물, 모든 생명의 주인이고 그들의 존재 이유가 오롯이 인간을 위한 것이라고 여기는 오만한 태도로 이어졌다.

동물 복지와
종-차별주의

받아들이는 데 비록 껄끄러운 마찰과 시간이 걸리기는 했지만 다윈의 진화론이 발표된 이후 이제는 인간이 분명 '동물'의 하나임을 모르는 사람은 없다. 그런데도 불구하고 우리가 '동물'이라고 할 때 거기에 인간이 포함되지는 않는다. '동물'은 암묵적으로 사람이 아닌 동물non-human animal을 지칭한다. 언어적인 습관만 보아도 동물과 인간의 계급적 관계가 드러난다. 인간을 동물과 같은 위계로 생각하는 것 자체를 싫어하고 꺼리는 속마음이 담겨 있다. 동물을 비하하는 것이나 인간을 동물보다 '고급스런 존재'라고 여기는 것은 거울의 양면처럼 똑같은 심리 작용의 결과다. 동물에 대한 인간의 차별적 태도는 '종-차별주의speciescism'라는 용어로 명쾌하게 정리된다. 이 개념은 리처드 라이더가 처음 창안했고 피터 싱어가 자신의 책에 인용하면서 널리 알려졌다. 피터 싱어를 가장 잘 설명하는 단어는 '실천윤리학자'라는 말일 것이다. 머리로 아는 것에 그치지 않고 실천을 강조하는 학자이다. 그는 감성적, 의무적인 측면에서 올바른 행동을 강요하지 않는다. 이성적이고 논리적인 근거를 들어 왜 우리가 그렇게 행동해야 하는지를 설명한다.

그러나 동물 복지의 맥락에서 그를 빼놓을 수 없는 것은 피터 싱어가 쓴 『동물 해방』이라는 책 때문이다. 레이첼 카슨이 1962년 출간한『침묵의 봄』이 환경 운동의 불을 지폈다면 동물 복지 분야에서는『동물 해방』이 그런 역할을 했다. 동물 해방이라는 말이 다소 과격하게 들리기도 하지만 1975년 처음 출판된 이 책이 소개한 동물들의 현실, 동물에 대한 인간의 탄압, 차별을 감추는 교묘한 전략들은 당시 독자들에게 더욱 충격적이었다. 초판에도 앞에서 언급한 공장식 동물 사육 이야기가 나온다.『죽음의 밥상』이 비교적 최근인 2006년에 출간되었기 때문에 더욱 세밀하고 치밀하지만 전반적으로 두 책의 논조는 같다.

『동물 해방』의 서술은 감정적이지 않다. 오히려 차분하고 논리적이다. 지은이가 말했듯이 동물에 대한 동정심, 감성이나 연민에 호소하려는 전략이 아니기 때문이다. 이 책은 논리적이고 논증적으로 우리의 종–차별주의를 입증한다. 헌사에 밝혔듯이 "윤리적 추론의 힘을 통해 우리 종의 이기심을 극복하는 것"이 책의 목적이기도 하다.

여기서 피터 싱어가 말하는 윤리적 추론의 도구이자 무기는 공리주의다. 공리주의는 18세기 영국 철학자 벤담, 밀 등이 주장한 사상이다. '최대 다수의 최대 행복'을 기본 원리로 한다. 공리주의자가 생각하는 도덕이란 가능한 많은 사람들이 행복을 누릴 수 있게 하는 수단이다. 개념상 논거의 허점이 없지는 않지만 공리주의는 영국 고전주의 경제학과 자본주의 근간에 많은 영향을 끼쳤다는 평가를 받는다. 피터 싱어는 공리주의자 제레미 벤담이야말로, 종–차별주의를 인식하고 동물에게도 생명으로서 존중 받을 권리와 복지를 추구할 권리가 있음을 주장한 최초의 철학자라고 본다. 지금도 그런 분위기가 없지 않지만 18~19세기 유럽에서 동물의 처우를 언급하는 것은 심한 '과장'이나 '농담'으로 통했다. 그도 그럴 것이 같은 인간도 노예로 부리고 덜 문명화된 지역에 사는 원주민을 미개인이라고 부르고 그것도 모자라 붙잡아다가 동물원에서 전시하고 쇼를 선보이는 시대였으니 "인간보다 못한 동물"을 배려한다는 것은 감히 생각하기 어려웠다. 그런 시대에 벤담은 동물에 대한 불평등과 멸시,

남북전쟁을 풍자한 만화. 왼쪽의 남군 복장을 한 사람은 오른쪽의 북군 복장을 한 병사가 자신들의 노예를 부추기는 모습을 불만스럽게 쳐다보고 있다.

세 상 을 바 꾼 동 물

그리고 그것을 가능케 하는 인간들의 종-차별주의적 사고를 한눈에 꿰뚫어 보았다.

　미국에서는 1862년 9월 남북전쟁 중 '노예해방 예비선언'이 발표되었지만 그 시기 유럽 상류층은 아프리카에서 끌고 온 흑인을 노예, 종으로 부리고 있었다. 일부 진보적인 철학자들만이 흑인의 인권과 해방을 위해 목소리를 냈다. 그러나 대다수의 사람들은 흑인이 같은 인간이라는 사실조차 인정하지 않으려 했다. 자기 인종이 우월하다는 것을 끊임없이 강조하고 흑인들이 지적으로, 문명적으로 뒤떨어졌다는 식으로 차별을 정당화했다. 그들의 본심은 노예 제도가 필요하다는 것이었기 때문에, 이들이 같은 인간이라는 것을 인정하면 그 모든 편리함을 포기해야 했다. 자기 양심을 직면하는 것은 매우 불편한 일이기에 사람들은 종종 이런 식으로 거짓된 논리를 지어내고 그것을 철석같이 믿으려 한다. 그러나 벤담을 비롯해 양심의 소리를 들을 줄 알았던 사람들은 자기의 이익을 넘어서 고통 받는 사람들, 그리고 넓게는 고통 받는 생명의 입장에서 생각했다. 자신이 흑인이 아니지만 흑인을 똑같은 인간으로 공평하게 대해야 한다는 생각, 여성의 사회적 활동이 제한되고 틀에 박힌 존재로 가정에 머무르는 것이 부당하다고 생각한 남자가 있었다는 것은 참으로 다행이다. 흑인이나 여성 스스로 인권을 주장하더라도 그것을 지지하고 뜻을 함께 하는 사람들이 없었다면 노예 해방과 여성 인권 실현은 더더욱 늦추어졌을 테니까.

차별이 정당하다고 주장했던 이들, 억압하고 지배하는 자들의 입장에 있던 인종차별주의자, 성차별주의자들은 흑인이나 여성들이 지적 능력이 떨어지며 무지하기 때문에 동등하게 대할 이유가 없다고 말했다. 그러나 벤담은 이런 억지 주장에 대해 이렇게 답했다.

"차별을 정당화할 수 있는 특징은 무엇이 있겠는가? 이성 능력인가? 그렇지 않으면 담화를 나눌 수 있는 능력인가?…… 하지만 설령 그들의 능력이 우리가 생각하는 바와 다르더라도 무슨 상관이 있겠는가? 문제는 그들에게 이성적으로 사고할 능력이 있는가, 또는 대화를 나눌 능력이 있는가가 아니다. 문제는 그들이 고통을 느낄 수 있는가이다."

벤담은, 내가 그러하고 당신이 그러하듯이 그들도 '고통을 느낄 수 있는 능력'이 있다는 것에 주목했다. 우리는 간편하게 동물들은 원래 그렇게 사는 존재들, 그렇게 살도록 되어 있는 것으로 생각하고 잊을 수도 있다. 그러나 소들이 인공적인 사육장에서 태어나서 죽을 때까지 풀이 자라는 땅 한 번 디뎌 보지 못하고 태어나자마자 어미에게서 떨어지고 원치 않는데도 항생제와 성장호르몬 주사, 약제가 주입되고 강제로 임신되며 다리가 부러지고 뼈가 깨지도록 저항하지만 별 수 없이 도살장에 끌려가서 죽음을 맞는 그 모든 과정을 안다면 더 이상 그렇게 마음이 편할 수는 없을 것이다.

그러나 17세기 철학자 데카르트는 "동물이 자동기계"라고 주장함으로써 그런 불편함마저 피해가려고 했다. 데카르트는 동물에게는 영혼이 없다는 기독교적인 입장을 받아들였다. 뜨겁게 달구어진 인두로 낙인을 찍을 때 소가 울부짖거나 몸부림을 치는 것은 우리가 고통 때문에 소리 지르는 것과는 다르다고 했다. 동물은 시계처럼 작동하고 그 원리에 의해 울음소리를 내도록 설계되었다고 말했다. 다만 시계는 인간이 만든 기계이고, 소는 신이 만든 기계이므로 훨씬 정교하고 리얼하다고 설명했다. 데카르트가 말하고자 하는 바는 분명했다. 인간이 동물을 통해 어떤 이득을 취하려고 할 때-고기를 위해 도살하거나 채찍으로 때릴 때-이들을 동정할 필요가 없고 마음의 동요-그러니까 말하자면 일종의 죄의식-를 느끼지 않아도 된다는 것이다.

> "내 주장의 핵심은 동물을 박해하라는 데 있지 않다. 나는 단지 사람-최소한 피타고라스의 미신에 빠져 있지 않은 사람-들의 행위를 눈감아 주고자 할 따름이다. 나의 입장은 동물을 먹거나 살해할 때 죄를 범하는 것이 아닌가 하는 사람들의 걱정을 해소해 줄 수 있을 것이다."

이러한 편견에 맞서서 동물의 권리를 '대신' 주장하는 것은 쉽지 않은 일이다. 동물 해방 운동에서 가장 어려운 점이 실은 이것이다. 피착취 집단, 즉 동물들 스스로가 인간에게 반대하거나 항의하지 못한다. 그들이 할 수 있는 것은 그야말로 울부짖고 고통에 몸부림치

다가 죽어가는 것뿐이다. 그런데 불행에 처한 동물을 구조하고 그들이 고통 받지 않고 안락하게 살 수 있게 하는 것은 꼭 동물만을 위한 일은 아니다. 학대 수준에서 동물을 사육하고 상업적인 이익을 위해서라면 극악한 일도 서슴지 않게 된 현실이 결국 광우병이라는 부메랑으로 우리에게 돌아온 것만 보아도 그렇다. 젖소에게 투여한 성장호르몬과 항생제는 우유에 스며들어 결국 그 우유를 마시는 인간을 병들게 한다. 그리고 철망 우리에서 날개 한 번 못 펴고 목숨만 붙은 채 살아가는 닭이 낳은 알과 닭고기는 스트레스와 원망으로 가득할 것이다. 그렇게 부정적인 기운과 감정이 가득한 음식을 먹는 우리는 과연 행복할 수 있을까? 이 책에서 영적인 면을 논하는 것이 어색할 수는 있지만 이는 『화』라는 책에서 틱닉한 스님도 지적한 바 있다.

지나치게 고기를 밝히는 현대인들 덕분에 아마존의 원시림이 불도저에 밀리고 지구의 허파라고 불리던 숲이 불타 없어지지 않았던가? 고기용 소들에게 먹이는 곡물의 양이면 배고픔에 허덕이는 아프리카 대륙의 사람들을 먹일 수 있다는 사실은? 과학의 발전과 인류 건강을 위한다는 명분으로 동물을 실험 대상으로 한 해에만 수천만 마리를 죽이지만 정작 그렇게 동물실험을 거친 의약품이 인간에게도 안전할 수 있는 확률은 고작 50%도 넘기지 못한다는 사실은 또 어떻게 받아들여야 하는지……. 동물 해방은 동물만 해방 시키는 것이 아니다. '생명' 의 가치를 생각하게 하고 더불어 인간도 더 존중 받는 사회를 만드는 것이다. 동물 해방은 그래서 인간해방이기도 하다.

고기의 생산과 소비가
완전히 분리된 현대사회

안타깝게도 현대사회를 사는 인간은 앞에서 언급한 이런 모든 윤리와 죄책감들을 외면하고 산다. 그리고 사회적인 시스템은 아주 '고맙고 편리하게도' 죄책감을 느낄 겨를이 없게 만들어 준다. 도시에 사는 소비자는 축산 농가의 현실이 어떤지 알 필요도 없고 알 길도 없다. 그저 포장된 고기와 달걀을 돈 주고 사면 끝이다. 그것들이 살아 있는 동물이며 나와 눈을 마주칠 수 있고 고통을 느낄 수 있는 생명이라는 사실을 상기할 필요가 없다. 우리에게 동물이란 동물원에서 보거나 텔레비전에서 아프리카 대륙의 야생에 사는 동물에 관한 다큐멘터리로나 만날 수 있는 이미지화된 아이콘이다. 내가 매일 먹는 달걀이나 고기가 동물이라는 생각은 별로 들지 않는다. 동물원에서 아기 사자나 호랑이를 쓰다듬고 보듬으면서 그것이 부당하게 동물을 대하는 것이라는 생각은 하지 않는다. 하지만 나의 존재 자체가 구경거리이며 원하든 원하지 않든 낯선 사람들과 만나야 하고 그들의 손길에 나를 맡겨야 한다면 그것은 엄청나게 불안하고 스트레스 가득한 일일 것이다. 아무리 다정하고 부드러운 손길이라도 말이다. 소싸움(투우)이나 개싸움(투견), 동물 서커스를 보면서 즐거워하지만 그들이 경기나 쇼라는 목적을 위해 가두어져서 훈련을 받고 그 때문에 체벌을 당한다는 것은 애써 외면한다.

이 모든 것은 결국 '습관'을 고치는 것에서 시작된다고 피터 싱어는 말한다. 고기를 먹고 즐기는 익숙한 습관을 포기하는 것은 분명히 어렵다. 하지만 우리가 고기를 먹지 않는다면 그렇게 많은 소들이 비정상적인 환경에서 자랄 이유가 없다. 그런 의미에서 피터 싱어는 독자들에게 육식을 포기하라고 한다. 그가 가장 강하게 촉구하는 행동이 바로 채식주의자가 되자는 것이다.

동물보호단체 PETA People for the ethical treatment of Animals 윤리적으로 동물을 대하는 사람들은 이러한 피터 싱어의 주장을 열렬히 지지하는 단체로 유명하다. 페타 홈페이지http://www.peta.org/를 보면 할리우드의 유명 영화배우들도 페타의 회원으로서 채식주의를 실천하며 참여를 호소하는 동영상을 볼 수 있을 것이다.

우리나라에서도 임순례 영화감독와 가수 이효리가 동물보호단체 활동가로 열심히 활동하고 있다. 임순례 씨는 동물보호시민단체 카라KARA의 대표를 맡았고 이효리 씨는 유기견 보호와 모피 반대 캠페인도 함께했다. 많은 사람들에게 영향력을 가진 유명인들이 종-차별주의를 떨치고 나선 것도 반갑

우리나라에서만 연간 8만 마리가 넘는 동물이 유기되고 있다.

고, 자신의 재능과 열정을 선한 일에 나누는 사람들이 하나둘 늘고 있다는 것도 참 다행이다. 시간이 갈수록 점점 더 많은 사람들이 동물권, 동물생명권의 가치를 인식하고 행동에 동참하고 있다.

그러한 노력 덕분에 많은 유럽 국가들은 축산업에서 동물 사육에 대한 가이드라인을 법제화했다. 소비자 의식이 많이 높아진 것도 이런 흐름에 큰 몫을 했다. 윤리적 소비라는 개념이 등장하면서 가격과 품질뿐 아니라 제품이 생산되는 과정이 윤리적인가, 노동 친화적인가, 최소한의 동물권을 보장하는가까지 따져 보는 사람이 늘었다. 소비자들의 이러한 각성은 기업을 변화시키고 기업의 문화와 가치관을 서서히 바꾼다. 예를 들어 동물실험 화장품을 거부하는 소비자가 늘면 동물실험을 실시하는 회사들도 줄어든다. 설령 동물실험이 만족스런 속도로 줄어들지는 않더라도 적어도 기업들이 예전처럼 아무렇지도 않게 동물실험을 강행하기는 힘들 것이다. 소비자가 기업의 감시자가 되어 윤리적인 제품을 생산하도록 압박할 수 있다. 소비자의 의식과 요구가 달라지면 축산업도 좀더 동물들의 안락을 고려한 대안 축산 방식으로 전환할 것이다.

스페인의 한 도시에서 투우가 금지된 것도 하나의 희소식이라 할 수 있다. 투우를 둘러싼 논란은 지금도 끊이지 않는다. 투우 지지자들은 스페인의 상징과도 같은 스포츠를 폐기할 수 없다고 한다. 반면 반대하는 쪽에서는 칼과 창에 찔려 고통을 당하는 소를 보며 쾌감을 느끼는 잔인한 짓을 하루라도 빨리 중단해야 한다고 주장했다.

결국 2011년 7월 28일 의회 투표 결과 마침내 투우 금지법이 통과되었다. 이로써 카탈루냐 시는 스페인 최초로 투우를 법적으로 금지시킨 곳이 되었다.

앞서 소개한 바와 같이 우리나라에서는 2007년 동물보호법 개정 이후 동물실험에 관한 윤리위원회 설치가 의무화되었다. 아직까지 대학교나 병원 등 현장에서는 형식적이고 문서적인 의무 사항으로 여기는 분위기가 있지만 그래도 이것이 법으로 제정된 것은 동물 운동이 이룬 큰 성과다. 윤리위원회를 설치하는 가장 큰 목적은, 불필요한 동물실험을 줄여서 동물실험을 최소화하자는 것이다.

몇 세기 전 인간은 모든 인간은 태어남과 동시에 존중 받을 권리를 인정한 인권을 선언했다. 그리고 이제는 인간뿐 아니라 지구에 함께 사는 다른 생명에 대해서도 눈을 돌려서 생명으로서 존중 받을 권리를 인정해야 한다. 마크 베코프가 『동물권리선언』에 쓴 첫 번째 선언은 다음과 같다.

"모든 동물은 지구를 공유하며 우리는 더불어 살아야 한다."

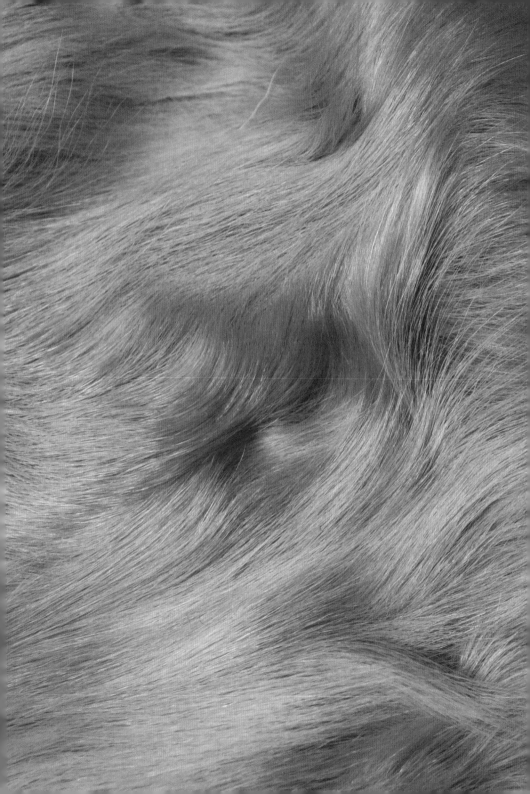

••   나는 동물에 관심이 많은 편이다. 동물 애호가라는 뜻은 아니다. 동물이라는 말, 개념에 관심이 많다고 말하는 것이 정확할지도 모르겠다.

왜 사람은 '동물'이라는 말에 섞이는 것을 싫어할까? 사람이 광합성을 하는 식물이 아닌 것은 분명하다. 그런데 일반적으로 쓰이는 '동물'이라는 단어에는 분명히 사람이 빠져 있다.

언어적으로 볼 때 사람은 동물이라는 분류 속에 포함되지 않는다. 생물학적으로는 동물이지만, 정신적·언어적 위계로는 동물로 묶이는 것을 거부하는 것이다. 그 금기와 거부감이 얼마나 깊은지 인간을 제외한 동물을 따로 지칭하는 낱말조차 마련하지 않았다. 그냥 인간은 '인간'이고 나머지 동물은 '동물'인 거다.

기마민족인 몽골 사람들은 말에 관련된 어휘가 풍부하고, 눈이 많이 내리는 지방에 사는 사람들은 눈의 종류를 수십 가지로 구분할 수 있는 단어가 있다는 말을 들어 보았을 것이다. 또 우리나라 말은

색을 표현하는 어휘가 잘 발달했다. 색을 나타내는 이름도 다양하고 불그스레하다, 발그레하다, 빨갛다, 벌겋다, 시뻘겋다, 불그죽죽하다 등 색과 관련된 형용사도 풍부하다. 이처럼 언어는 그 언어를 사용하는 공동체의 문화, 사고, 세계관을 고스란히 드러낸다.

그런 점에서 인간의 언어는 분명 동물과 거리두기를 하고 있다. 그 마음은 신분이 높은 양반, 귀족들이 계급이 낮은 비천한 사람들과 한 자리에 앉을 수 없다는 생각과 통한다. 동물은 인간보다 열등하고, 지능이 떨어지고, 지저분하고, 저열하다는 생각이 언어적으로 동물과 인간을 분리시킨 것이다. 마치 길을 걷다가 뚜껑이 열린 맨홀을 발견한 것처럼, 무엇인가를 지칭하는 언어가 빠져 있는 이 현상에 나는 관심이 갔다. '인간이 아닌 동물'이라는 낱말이 일상적으로 자주 쓰이지 않는 말일 수도 있지만 그래도 있을 법한 낱말이 없고, 전문용어나 학계에서도 맞춤한 용어를 제안하지 않는 것이 신기했다.

그러던 중 10여 년쯤 동국대학교 근처 서점에서 우연히 피터 싱어가 쓴『동물 해방』이라는 책을 만났다. 이 책은 우리 인간이 동물에 대한 인간의 차별, 편견을 갖고 있음을 일깨워 주었다. 이 책에 따르면 우리는 피부색과 혈통을 따져서 사람을 차별하는 인종차별을 인식하고 극복하는 중이지만, 인간이 다른 생물 종을 존중하지 않고 차별하고 함부로 할 수 있는 권한이 있다고 믿는 종-차별주의를 저지른다는 것은 깨닫지 못한다. 우리 모두는 종-차별주의자인데 그것을 인식하지 못하고 차별적 행동을 저지른다고 비판한다.

그 책을 만난 뒤로 나는 동물과 인간의 위계, 계급적인 문제를 많이 생각했다. 아마 내가『동물 해방』을 산 대학가 책방은 사라졌을 것이다. 온라인 서점과 대형 서점의 위세에 눌려서 조그만 동네 서점은 이제 '멸종' 되었으니까. 그러나 이 자리를 빌어 귀중한 책을 만나게 해 준 서점과 이 인연에 감사한다. 책은 사람과 사람을 이어 주고, 한 사람의 생각을 다른 사람에게, 한 시대에서 다음 시대로 연결해 주는 네트워크임을 새삼 느낀다.

『세상을 바꾼 동물』은 청소년을 위한 세계사 가로지르기 시리즈 가운데 한 권이다. 자본, 수레, 수학, 나무 등 한 가지 키워드를 통해 세계사를 흥미롭고 재미있게 꿰뚫는다는 기획 의도가 마음에 들었다. 본래 동물과 관련된 주제에 관심이 많은 터라 이 책을 써 달라는 제안을 받았을 때 망설이지 않고 달려들었다.

열정은 높았지만 집필을 하면서 세계사에 대한 교양과 지식이 부족해서 고생을 많이 했다. 머리가 나쁘면 몸이 고생한다는데, 몸이야 고생하면 되지만 아는 것이 짧아서 글이 매끄럽지 않으면 독자들에게 폐가 될까 걱정이었다.

또 동물들에게도 미안한 마음이 들었다. 책 제목은 '세상을 바꾼 동물'이지만 사실 책의 내용은 '인간이 동물을 이렇게 저렇게 이용하는데 어쩌다 보니 그 와중에 세상이 바뀐 일'을 다루고 있기 때문이다. 실제로 동물은 인간의 역사에 편입되어 이용을 당하기만 했다. 그러면서도 인간은 쓸모없다고 여기면 동물을 버리고, 착취하고 학살하기까지 했다. 그런 의미에서 『세상을 바꾼 동물』이 독자들 손에 닿는다면 나의 작은 바람은 이루어질 것이다. 이 책을 통해 독자들이 세계사에 대한 지식을 넓힐 수 있을 것이고, 부지불식간에 잠시라도 동물에 대해 생각하게 될 테니까.

인간이 인간을 위해서 지구를 재구성하고 디자인하는 사이 함께 살았던 동물들은 철거민처럼 내쫓기고 도망쳐야 했다는 사실도 잊지 않았으면 좋겠다. 우리가 조금만 더 겸손해진다면 모든 생명이 함께 행복해지는 길도 찾을 것이다. 고대에 그랬듯이 인간과 동물의 신화적 관계가 회복되어 동물도 한 생명으로 얽매임 없이 삶을 누릴 수 있게 되기를 바란다.

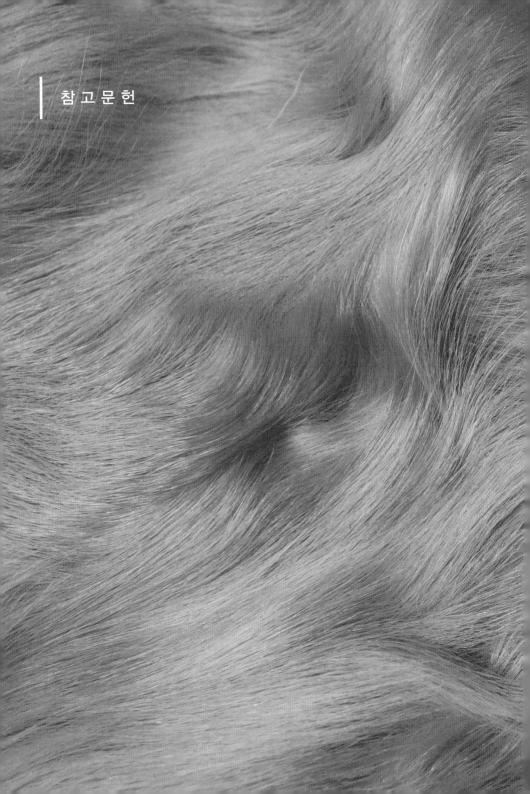

참고문헌

들 어 가 며

데즈먼드 모리스 · 스티브 파커 저, 정옥희 역, 『또 다른 인류 유인원』, 시그마북스, 2011년

데즈먼드 모리스 저, 김석희 역, 『털없는 원숭이』, 영언문화사, 2001년

르몽드 디플로마티크 저, 김계영 · 고광식 역, 『르몽드 환경아틀라스』, 한겨레출판, 2011년

제 1 장

국립제주박물관 엮음, 『고대의 말 : 神性과 實用』, 통천문화사, 2004년

김용만 저, 『세상을 바꾼 수레』, 다른, 2010년

더글러스 파머 외 저, 이주혜 역, 『선사시대 : 비주얼로 보는 생명의 역사』, 21세기북스, 2010년

박대순 글, 김종섭 사진, 『농기구』, 대원사, 1990년

박호석 저, 『한국의 재래농기구』, 한국학술정보(주), 2004년

부산 동삼동패총전시관 http://dongsamsm.busan.go.kr

브라이언 페이건 저, 이희준 역, 『세계 선사 문화의 이해』, 사회평론, 2011년

새러 래스 저, 김지선 역, 『돼지의 발견』, 뿌리와이파리, 2007년

손로 저, 『동북아시아 3~6세기 등자 고찰』, 전남대학교 대학원, 2009년

스티븐 부디안스키 저, 이상원 역, 『개에 대하여』, 사이언스북스, 2005년

스티븐 부디안스키 저, 이상원 역, 『고양이에 대하여』, 사이언스북스, 2005년

안승모 외 저, 『선사농경 연구의 새로운 동향』, 사회평론, 2009년

알렉산드라 호로비츠 저, 구세희 역, 『개의 사생활』, 21세기북스, 2011년

암사동 선사주거지 http://sunsa.gangdong.go.kr

연성찬 저, 『소』, 웅진씽크빅, 2004년

이희훈 저, 『닭의 백과』, ㈜현축, 2010년

잰 브렛 저, 이순미 역, 『개는 왜 사람과 함께 살게 되었나』, 보물창고, 2007년

제레드 다이아몬드 저, 김진준 역, 『총, 균, 쇠』, 문학사상사, 2005년

J.C.블록 저, 과학세대 역, 『인간과 가축의 역사』, 새날, 1996년

Joan Elma Rahn, 『Animals that changed history』, Atheneum books for children, 1986년

지오프리 파커 편, 김성환 역, 『아틀라스 세계사』, 사계절, 2004년

토박이 기획, 이순수 저, 『농기구-겨레전통도감』, 보리, 2009년

프란츠–요제프 브뤽게마이어 외 저, 이동준 역, 『서기1000년의 세계』, 이마고, 2004년

한국그레이하운드클럽 http://www.kgcf.co.kr

한국생활사박물관 편찬위원회 편, 『한국생활사박물관 01-선사생활관』, 사계절, 2000년

한국생활사박물관 편찬위원회 편, 『한국생활사박물관 02-고조선생활관』, 사계절, 2000년

제 2 장

김경근 저, 「고대 이집트의 신에 대한 관념」, 『歷史學報= (The)Korean historical review 제209집』, 2011년

김선자 저, 『김선자의 중국 신화 이야기』, 아카넷, 2004년

김선자 저, 『중국 변형신화의 세계-불멸과 필멸의 변주』, 범우사, 2001년

김정숙 저, 「한국 동물신화의 문화적 분석과 그 번역의 문제」, 『프랑스학 연구. 제23권』, 한국프랑스학회, 2002년

나카자와 신이치 저, 김옥희 역, 『곰에서 왕으로 - 국가, 그리고 야만의 탄생』, 동아시아, 2003년

니콜라스 J. 손더스 저, 강미경 역, 『동물의 영혼』, 창해, 2002년

요시다 아츠히코 외 저, 하선미 역, 『세계의 신화 전설』, 혜원, 2010년

이루다 저, 『고구려 고분벽화를 통해 본 고대 신앙 연구 : 샤머니즘을 중심으로』, 인천대 교육대학원, 2008년

이병욱 저, 『한 권으로 만나는 인도』, 너울북, 2011년

정재서 저, 『이야기 동양신화-중국편』, 김영사, 2010년

존 베이스 외 저, 김성 역, 『사진과 지도로 보는 이집트 문명』, 민음사, 2011년

차장섭 저, 『인간이 만든 신의 나라 앙코르』, 역사공간, 2010년

필립 윌킨스 저, 김병화 역, 『신화와 전설』, 21세기북스, 2010년

제 3 장

계동혁 저, 『역사를 바꾼 신무기』, 플래닛미디어, 2009년

권도희 저, 『백제 마구에 대한 연구』, 숭실대학교 대학원, 2004년

김철환 외 저, 『전쟁 그리고 무기의 발달』, 양서각, 1997년

김호근 외 엮음, 『한국 호랑이』, 열화당, 1986년

노정래 저, 『말』, 웅진씽크빅, 2004년

리차드 아머 저, 이윤기 역, 『모든 것은 돌멩이와 몽둥이로부터 시작되었다』, 시공사, 2000년

린 화이트 주니어 저, 강일휴 역, 『중세의 기술과 사회변화—등자와 쟁기가 바꾼 유럽 역사』, 지식의 풍경, 2005년

마크 제롬 월터스 저, 이한음 역, 『에코데믹, 새로운 전염병이 몰려온다』, 북갤럽, 2004년

민승기 저, 『조선의 무기와 갑옷』, 가람기획, 2004년

버나드 로 몽고메리 저, 승영조 역, 『전쟁의 역사』, 책세상, 1997년

브린 바너드 저, 김율희 역, 『세계사를 바꾼 전염병들』, 다른, 2006년

셸던 와츠 저, 태경섭 · 한창호 역, 『전염병과 역사』, 모티브북, 2009년

수잔 스콧 · 크리스토퍼 던컨 저, 황정연 역, 『흑사병의 귀환』, 황소자리, 2005년

스티븐 부디안스키 저, 김혜원 역, 『말에 대하여』, 사이언스북스, 2005년

아노 카렌 저, 권복규 역, 『전염병의 문화사』, 사이언스북스, 2001년

아일린 파워 저, 이종인 역, 『중세의 사람들』, 즐거운상상, 2010년

어니스트 볼크먼 저, 석기용 역, 『전쟁과 과학, 그 야합의 역사』, 이마고, 2003년

윌리엄 맥닐 저, 김우영 역, 『전염병의 세계사』, 이산, 2005년

이대진 저, 『문답으로 이해하는 전차이야기』, 연경문화사, 2003년

E. 플러 토리 외 저, 박종윤 옮김, 『우리는 모두 짐승이다—동물, 인간, 질병』, 이음, 2005년

Joan Elma Rahn, 『Animals that changed history』, Atheneum books for children, 1986년

존 린 저, 이내주 · 박일송 역, 『배틀, 전쟁의 문화사』, 청어람미디어, 2006년

존 켈리 저, 이종인 역, 『흑사병 시대의 재구성』, 소소, 2006년

최석민 저, 『초대하지 않은 손님—전염병의 진화』, 프로네시스, 2007년

카를 마르텔: 위키백과 http://ko.wikipedia.org

푸아티에 전투로 샤를 마누가 기병을 증강했는가? http://cafe.naver.com/booheong/18706

제 4 장

니겔 로스펠스 저, 이한중 역, 『동물원의 탄생』, 지호, 2002년

루스 애슈비 글, 김민영 옮김, 『찰스 다윈』, 미래아이, 2009년

100년 전 진도에 호랑이 살았다 http://www.hani.co.kr/arti/society/environment/519781.html

베르벨 오프트링 저, 유혜자 역, 『진화의 비밀』, 봄나무, 2010년

베른트 브루너 저, 김보경 역, 『곰과 인간의 역사』, 생각의 나무, 2008년

수잔 와이즈 바우어 저, 이계정 역, 『교양 있는 우리아이를 위한 세계역사이야기 2-중세편』, 꼬마이
실, 2004년
수잔 와이즈 바우어 저, 최수민 역, 『교양 있는 우리아이를 위한 세계역사이야기 3-근대편』, 꼬마이
실, 2004년
심원 저, 『청소년을 위한 종의 기원』, 두리미디어, 2010년
장순근 저, 『그림으로 보는 찰스 다윈의 비글호 항해 이야기』, 가람기획, 2009년
재닛 브라운 저, 이경아 역, 『찰스 다윈 평전 2-나는 멸종하지 않을 것이다』, 김영사, 2010년
조경욱 저, 『한국동물원의 복지발전방향에 관한 연구』, 건국대학교대학원, 2007년
Joan Elma Rahn, 『Animals that changed history』, Atheneum books for children, 1986년
에이드리언 데스먼드 · 제임스 무어 저, 김명주 역, 『다윈 평전』, 뿌리와이파리, 2009년
이로쿼이족 전쟁 연표 http://www.evolpub.com/ACNA/ACNAChronology.html
이리스 오리고 저, 남종국 역, 『프라토의 중세 상인』, 알피, 2009년
하호 저, 「슬픈 동물원 (서울대공원 동물원 보고서)」, 2001년
하호 저, 「슬픈 동물원 (서울대공원 동물원 보고서)」, 2004년
허광석 저, 『동물원 행동풍부화 프로그램이 동물 행동에 미치는 영향』, 건국대농축대학원, 2010년

제 5 장
동물실험 안 하는 회사 명단 http://blog.daum.net/botbsm/13997643
레이 그릭 · 진 스윙글 그릭 저, 김익현 외 역, 『탐욕과 오만의 동물실험』, 다른세상, 2005년
리처드 로즈 저, 안정희 역, 『죽음의 향연』, 사이언스북스, 2006년
마크 롤랜즈 저, 윤영삼 역, 『동물의 역습』, 달팽이, 2002년
마크 베코프 저, 윤성호 역, 『동물권리선언』, 미래의 창, 2011년
에리카 퍼지 저, 노태복 역, 『'동물'에 반대한다』, 사이언스북스, 2002년
에릭 슐로서 외 저, 노순옥 역, 『맛있는 햄버거의 무서운 이야기』, 모멘토, 2007년
위키피디아 동물실험 항목 http://en.wikipedia.org/wiki/Animal_testing
이언 윌머트 · 로저 하이필드 저, 이한음 역, 『복제양 돌리 그 후』, 사이언스북스, 2009년
잔 카제즈 저, 윤은진 역, 『동물에 대한 예의』, 책읽는수요일, 2010년
제임스 서펠 저, 윤영애 역, 『동물, 인간의 동반자』, 들녘, 2003년
지나 콜라타 저, 이한음 역, 『복제양 돌리』, 사이언스북스, 1998년

콤 켈러허 저, 김상윤 · 안성수 역, 『얼굴 없는 공포 광우병 그리고 숨겨진 치매』, 고려원북스, 2006년

프레시안 광우병 관련기사 http://www.pressian.com/article/article.asp?article_num=
60080528103020&section=03

People for ethical treatment of animals http://www.prta.org

피터 싱어 저, 김성한 역, 『동물 해방』, 인간사랑, 1999년

피터 싱어 · 짐 메이슨 저, 함규진 역, 『죽음의 밥상』, 산책자, 2006년

콤 켈러허 저, 김상윤 · 안성수 역, 『얼굴 없는 공포 광우병 그리고 숨겨진 치매』, 고려원북스, 2006년

제 6 장

꼬리치레도롱뇽을 하천 최상류 환경지표로 http://news.naver.com/main/read.nhn?mode=
LSD&mid=sec&sid1=102&oid=028&aid=0000074720

꼬리치레도롱뇽 해설 http://blog.naver.com/lsd02/50108902883

박병상 저, 『이것은 사라질 생명의 목록이 아니다』, 알마, 2007년

박지환 저, 『북극곰도 모르는 북극 이야기』, 토토북, 2007년

볼리비아 코차밤바 http://rupina72.blog.me/10089325981

어느 날 그 길에서(다큐 영화 홈페이지) http://blog.naver.com/oneday2008

어머니 지구 볼리비아 법 http://blog.daum.net/kyu1515/17427054

자연의 권리 소송 http://cafe.naver.com/parkchoi/2430

최경아 · 김성휴 외 저, 『지구와 인류를 살리려는 동물들의 다잉 메시지』, 수선재, 2011년

피터 싱어 저, 김성한 역, 『동물 해방』, 인간사랑, 1999년

사진 자료 출처

29쪽   http://www.fiestalife.com/2011/09/01/the-maritime-archaic-tradition-inhabi-tants-of-east-america-7000-bc

33쪽   http://en.wikipedia.org/wiki/File:Maler_der_Grabkammer_des_Sennudem_001.jpg

39쪽   http://williamhhays.wordpress.com/2011/12/30/the-first-artists

            http://www.elixirofknowledge.com/2010_03_01_archive.html

59쪽   http://www.fotopedia.com/items/50ooi7prfgbjg-esfZ5FG7eY4

65쪽   http://myth-deity.blogspot.com/1998_09_01_archive.html

71쪽   http://www.freewebs.com/classicmyth/thecreation.htm

74쪽   http://viuu.co.uk/blog/free-artist-twitter-backgrounds-egypt

82쪽   http://www.western-saddle-guide.com/used-western-saddles.html

85쪽   http://www.horse-stall.net/horse-resources/free-horse-coloring-pages.php

97쪽   http://j-alexandra-anderson.deviantart.com/art/Black-Rat-80141921

105쪽   http://classroom.sdmesa.edu/eschmid/Lecture1-Microbio.htm

116쪽   http://www.racontrs.com/stories/wall-street-stories/wall-street-history

122쪽   http://lgmanf.mbaek.igrove.co.kr

128쪽   글렌 머피 저, 하정임 역, 『세계사를 바꾼 7가지 놀라운 생각들』, 다른, 2011년

140쪽   http://elephantivoryproject.org/category/elephant-news/page/2

149쪽   「마당을 나온 암탉」 영화 포스터

155쪽   http://advocacy.britannica.com/blog/advocacy/2008/03/beef-recall-draft

159쪽   http://mypharmacists.blogspot.com/2009_11_01_archive.html

163쪽   위키피디아 http://www.wikipedia.org

168쪽   http://stopubcanimalresearch.org

183쪽   http://the-best-top-desktop-wallpapers.blogspot.com/2011/02/bears-wallpa-
        pers-bear-wallpaper.html
192쪽   http://historygallery.com/prints/PunchLincoln/1863proclamation/1863procla-
        mation.htm
198쪽   동물 보호 단체 포스터